官邸の暴走

古賀茂明

角川新書

序　章

安倍・菅・官邸官僚三人四脚で築いた四つの負のレガシー

2020年9月、7年8か月の長期政権を続けた安倍晋三《あべしんぞう》総理は、自身の健康問題を理由に辞任した。突然の出来事だった。その後任を決める自民党総裁選に立候補した官房長官（当時）の菅義偉《すがよしひで》氏は総裁選の公約に「安倍政治の継承」を掲げて勝利し、9月16日に第99代内閣総理大臣に就任した。

菅氏が安倍政治から「継承」したものとは何か。

安倍政権は、「レガシーなき長期政権」だと揶揄《やゆ》される。確かにポジティブな意味では何も残さなかったかもしれない。しかし、全く逆の意味で、その後の日本を規定してしまいかねない遺産を彼は残していた。私は、それを「安倍政権四つの負のレガシー」と呼んでいる。

すなわち、「官僚支配」「マスコミ支配」「地に堕《お》ちた倫理観」「戦争のできる国づくり」の四つだ。

「反対するのであれば、(官僚には)異動してもらう」菅氏は総裁選前日のテレビ番組でこう語った。安倍政権の第一の負のレガシー「官僚支配」の継承を宣言した瞬間だった。正確には、「私ども(国会議員)は選挙で選ばれているから、(政権が)何をやるという方向を決定したのに、反対するのであれば、(官僚には)異動してもらう」という内容だ。

政治主導の原則を述べただけとも読める。選挙で選ばれた国会議員に選ばれた内閣総理大臣。その総理大臣が作った内閣が行政を進めるということは、確かに憲法に書いてあるとおりだ。その内閣の決定に従わない官僚がいれば、行政を国民(国会)の意思に従って進めることはできない。国民主権でなく官僚主権だ。そうならないためには、どうしても従わない官僚には辞めてもらうしかない。菅氏は、当たり前の話をしただけだと言うだろう。

だが、それを額面通りに受け取る者はいない。現に、この発言直後から「人事権で官僚を支配する、恐怖政治だ」などという非難が巻き起こった。しかし菅氏のすごみは、非難されるとわかっていながらわざと言った、という点である。官僚たちは、この言葉を「何を言われようと、官僚の人事権は俺が持っている。よくわきまえておけよ」という菅氏の警告であることを正確に理解したはずだ。

従来の政権でも、反抗する官僚を閑職に追いやることはあった。だが、その理由は明言せず、「適材適所人事だ」という建前論しか述べなかった。安倍政権でさえそうだった。ここまではっきりと「言うことを聞かない官僚はクビだ」と言い放った菅氏の下では、官僚支配が安倍政権よりもさらにワンランクグレードアップされたと官僚たちは感じている。

確かに、菅氏の言うとおり、官僚が政治家に従う「政治主導」はある意味当然のことだ。本来は、「政治主導」という言葉があること自体おかしい。実はこの言葉は、「官僚主導」に対するアンチテーゼとして存在すると言っても良い。「政治主導」「脱官僚主導」という言葉は、２００９年の衆議院選挙で大勝して政権を取った民主党が掲げたスローガンだ。当時多くの国民は、日本の政治・行政の実質的支配者は官僚ではないかと疑っていた。また自民党には既得権益を持つ「族議員」がはびこり、彼らが省益を図る官僚と結託していると考えて、「しがらみのない政治」ができるはずの民主党に期待が集まったのだ。

そういう状況下では、政治家による「官僚支配」はむしろ頼もしい話で、それがなぜ「負のレガシー」となるのか、と考える向きもあるだろう。

しかし、ここで忘れてはならないことがある。「政治家が官僚を支配すべきだ」という命題が成立するためには、「国民から選ばれた政治家は、国民のために奉仕する」という前提が必要だ。この大前提が成立しているからこそ、「官僚が政治家の言うことを聞けば、官僚が国民のために働いていることになる」のだ。

だが、第2次安倍政権が憲政史上最長となる約7年8か月に及び、いざ「政治主導」、とりわけ「官邸主導」が完成したとき、想定外の事態が生じた。

政権が国民のために働かず、国民の利益より自分たちの利益を優先するということが頻繁に生じたのだ。それは、自分たちのために官僚機構を悪用するというところまでエスカレートした。

さらには、官僚たちは官邸の指示がなくてもその意向を「忖度《そんたく》」し、公文書改ざんなどの違法行為まで働くようになってしまった。このように普通では考えられないことまでするのは、安倍総理自身が、三つ目の負のレガシー、「捕まらなければ良い」という「地に堕ちた倫理観」に従って行動し続けた結果、官僚の倫理観まで地に堕ちてしまったからだ。官僚は、単に自分のために悪事を働くのではない。安倍氏から、「捕まらないようにうまくやれ。俺もそうしている」というシグナルが送られているかの如く解釈してしまった結果、忖度による「地に堕ちた倫理観」が蔓延《まんえん》したのである。

この事態を是正するには、国民のために働かない政治家たちに対し、国民が選挙でノーを突きつけるしかない。しかしこれまで、国民は選挙のたびに安倍政権を選び、また安倍政治を継承するとして誕生した菅政権も、発足当初、非常に高い支持を集めた。その理由は何か。安倍政権、および安倍政治を継承した菅政権の真の姿を、国民が理解できていないからである。

官邸主導は、官邸「官僚」主導

「政治主導」は、与党が主導するケースもある。これに対して安倍政権は明らかに、与党に対して官邸が優位に立つ「官邸主導」だった。さらに、安倍政権がかつてないほど徹底して「官邸主導」の政治を行った結果、それと並行して「官邸官僚」が絶大な力を持つに至った。「政治」主導なのに、特定の「官僚」に権力が集中するという皮肉な現象だ。

通称「官邸」とは、総理大臣および官房長官と、それを広い意味でサポートする国会議員、官僚、民間出身者などの様々な人たちが働く場所であり、またそれら一群の人たちを指す。「官邸の意向」と言えば、官邸にいる人の意向であるが、それが総理の意向なのか、官房長官の意向なのか、官房副長官の意向なのか、はたまた総理の威を借りた秘書官や補佐官の意向なのかは判然としないことも多い。

それでも「官邸の意向」は、基本的には抗《あらが》うことが許されない命令だと、各省の官僚あるいは大臣までもが受け止める。

官邸で働く者のうち、官僚および官僚出身者が広い意味で「官邸官僚」と呼ばれる。彼らは、政権の目標を達成するために計画を立て、障害を取り除いていく戦略部隊であり、政権による「官邸主導」を実務面で仕切る任務を担う。

官邸官僚には、三つのグループがある。一つは、総理と個人的な絆《きずな》を持ち、総理から直接、内閣総理大臣秘書官や内閣総理大臣補佐官などのポストに任命された人たちだ。安倍政権では、「総理の分身」と呼ばれた今井尚哉《いまいたかや》総理秘書官（政務）兼総理補佐官、長谷川《はせがわ》榮一《えいいち》総理補佐官兼内閣広報官など経済産業省出身者で占められた。今井氏も長谷川氏も、経産省に約30年勤めた私の元同僚で、仕事でかなりよく付き合った仲だ。一方、和泉洋人《いずみひろと》総理補佐官は、官房長官を務めていた菅氏の右腕で、国土交通省出身である。二つ目のグループは、官僚トップとなる杉田和博《すぎたかずひろ》官房副長官（事務）兼内閣人事局長、北村滋《きたむらしげる》国家安全保障局長ら、危機管理と公安を担う警察庁出身者たちだ。三つ目のグループは、各省庁からの推薦を経て、総理秘書官、官房長官秘書官などのポストに就く人たちである。

彼ら官邸官僚は本来、政権のサポートをするという役割なのだが、様々な官僚人事に関与したり、各省庁のトップである事務次官や幹部に事実上命令したりと、傲岸不遜《ごうがんふそん》と言えるほどの権力を持つに至り、国民からもその存在が注目されるようになった。

官邸官僚の台頭は第2次安倍政権で顕著となり、菅政権でもそれが引き継がれたかと思ったが、その実態はかなり変質しているようにも見える。

安倍氏と菅氏という二人のリーダー、そして「安倍政権四つの負のレガシー」を築き上げ、その後、それを基盤に菅政権を支えようとする官邸官僚たちのキャラクターを、それぞれ端的に表現するなら、安倍氏は「能力の低いペテン師兼パフォーマー」であり、菅氏は「頑固で攻撃的、『改革する自分』に酔う裏方番頭」、官邸官僚は「自己実現のために権力を顕示し暴走する、凄《すご》さ・狡《ずる》さ・怖さ・愚かさを併せ持つ、孤立した存在」である。

このような安倍氏・菅氏・官邸官僚のトリオは、「長い物には巻かれろ」気質で忖度する一般官僚たちと、サラリーマン気質でジャーナリズム精神のないマスコミを支配していった。二つ目のレガシーである「マスコミ支配」は、むしろ記者たちが自ら加担して成立したようにも見える。

一方、一般官僚たちは、安倍氏の関心が薄い案件については従来型の「官僚主導」で、自己の利権拡大に勤《いそ》しむが、「総理案件」「安倍案件」などと称された、安倍氏が思い入れを持つ案件については、官邸官僚の采配《さいはい》に対し全面的に従い、さらには何も言われなくても自ら忖度して行動する習慣を身に付けた。

安倍案件とは、改憲や安全保障、外交、東京五輪や、安倍氏のお友達案件とスキャンダルなどである。第2次安倍政権において、集団的自衛権の行使などの安全保障関連法、特定秘密保護法、「共謀罪」法などが成立したのは、安倍氏の哲学ならぬ「思い込み」に沿い、官邸官僚らが尽力して、第四のレガシー、「戦争のできる国づくり」に突き進んだ結果だ。もちろん、無理難題でも官邸の意向に官僚を従わせる「官僚支配」ができたからこその成果である。また、安倍総理自身のスキャンダル「モリカケ桜」、すなわち「森友《もりとも》学園問題」「加計《かけ》学園問題」「桜を見る会問題」の火消しをするためにも、官邸官僚らは暗躍した。

官邸官僚の生態はベールに包まれた部分が多い。彼らの秘密主義は徹底しているし、一方でフェイクニュースによるイメージ作りにも長《た》けている。彼らの「尽力」や「暗躍」が、どのようになされていったのかを明らかにするのは、極めて困難なタスクである。

さらに官邸官僚のありようは、時の政権によって大きく変わる。菅政権が誕生してから半年以上が経つが、安倍政権のときの官邸官僚の権勢はどこに行ったのかといぶかる人も多いだろう。その実態もまたベールに包まれている。

そもそも、「官邸官僚」の「権勢」は、安倍政権に牛耳られていた日本のマスコミから見た評価である。服従する側から見たので、過大評価となっている可能性も高いというのが私の直感である。

そうしてみると「官邸官僚」は亡霊なのかもしれない。いずれにしても、この得体のしれないものが安倍政権、そして菅政権の動き——私は、それを「暴走」と称してきたが——に対し、どのように影響を与えたのか。あまたある表に出た事実をベースに、私が30年以上経験して積み上げた官僚心理の読解法なども使って独自の解析を行い、ベールに包まれた真相に近づいてみたい。

目次

序　章　3

安倍・菅・官邸官僚三人四脚で築いた四つの負のレガシー／官邸主導は、官邸「官僚」主導

第1章　「官邸官僚」はどこまで凄いのか　25

総理の化身か分身か？――総理秘書官／和泉補佐官は世渡り上手？／霞が関のドン――内閣官房副長官／公安警察内閣と呼ばれて／内調は時の政権次第／「モンスター」と化した内調／ナンチャッテ諜報機関／「やってる感」の演出で副長官狙い／伊藤詩織さんから走って逃げた札付きの男／警察幹部は権力志向の塊？

第2章　人事権を活用し「戦争のできる国」へと邁進した安倍政権　53

2―1　戦争をするための法律づくり　54

始まりは内閣法制局長官人事／日本の命運を変えた「世紀の大嘘」／トータルで読む「戦争を可能にする法律」／列強を目指してバブル崩壊に突き進む

2―2　「官僚支配」は人事がすべて　67

使える権力はとことん使う／内閣人事局の本当の意味／官僚支配を完成させた官邸官僚たち／閣僚をしのぐお化けとは？／学術会議は自民右翼の永遠の敵――安倍・菅の問題ではない／学部卒官僚の学者・学問軽視／任命拒否の理由を聞いてはいけない訳

第3章　過剰「忖度」官僚が支えた
安倍パフォーマンス内閣　87

3―1　今井秘書官ら経産省出身の官邸官僚の「活躍」　88
人気取り政策は経産官僚の十八番《おはこ》／官邸官僚の「残念な」行政能力／安倍総理を裏で操った政務秘書官今井尚哉氏の功罪

3―2　安倍氏の「モリカケ」疑惑と官僚の「忖度」　105
森友事件最大の問題は公文書改ざんではない／今井秘書官は何と言ったのか、佐川氏は何を考えたか／加計学園事件が贈収賄だと言える訳／森友――忖度の報酬は？／官僚の三類型――消防士型は絶滅危惧種／赤木俊夫さんは消防士型の「強い官僚」／官僚は何故辞められないのか？

第4章　マスコミ支配　129

4―1　「マスコミ支配」暗黒の構造　130

安倍・菅・今井のマスコミ支配三層構造／籠絡されたテレビ局トップたちの愚かさ／有識者を「転向」させる官房長官の会食／きめ細かく理屈っぽいメディアチェック

4―2　忖度するマスコミ　139

権力の忠犬に成り下がった政治部記者／「超ドメ」で世間知らず／検察・警察に弱い社会部記者／「ネットサポーターズクラブ」が生み出したＳＮＳの異常空間

第5章　力不足で思考停止の菅政権　151

5―1　哲学なき政権には倫理もない　152

今井なき菅政権の不安／菅氏の威を借る総理補佐官・和泉洋人氏／オワコンのＩＲにこだわる菅総理／和泉補佐官のコネクティングルーム出張不倫疑惑／ワクチン敗戦の責任者？　和泉・大坪カップル／大坪審議官が引き起こす混乱を未然に防ぐ「スウィーパー」河野太郎

5―2　総理大臣としての菅義偉　パンケーキは硬くてスカスカ　166

頑固で攻撃的な裏方番頭／「従わないならクビ」が招くこと／思考停止が呼んだ恐怖のコロナ第四波／ワンストップ・ハイブリッド・ノーリミットの支援策を／絶望的大根役者・菅義偉／「改革する自分」に酔うナルシスト／悲しい宿命の「改革できない改革派」／「３老」が呼ぶ日本の禍

第6章　菅政権の迷走――パンケーキを毒見する　185

6―1　菅総理が掲げる「グリーン」と「デジタル」への不安　186

スカスカの頭で決めた「50年カーボンニュートラル」宣言／期待外れの予感「デジタル庁」／どうやっても日本のＩＴ化が遅れる理由／米１００俵よりも総裁選での１００票

6―2　総務省接待疑惑と菅政権の倫理　201

喜んで接待を受けた官僚たち／地に堕ちた倫理観／あらゆる省庁に可能性がある接待汚職／安倍総理をマネして「知らぬ存ぜぬ、だから問題ない」／泥棒が泥棒を裁くからお手盛り処分／第三者委員会で「調査中だから答えない」／山田真貴子内閣広報官辞職で見えたもの／「干からびたパンケーキ」を守る官邸官僚／菅政権を支える国対談合政治

第7章　のっぴきならないほど落ちている日本の国力　221

斜陽日本　これでもかというほどの真実／「日の丸」産業の凋落は目を覆うばかり／DXのカギ「半導体」完敗／捨てたつもりのメンツがまた潰された経産省の失態／原発守って太陽光と風力が絶滅／「ガラパゴス」を5Gで巻き返すはずが……／コロナ禍で国民が驚いたデジタル化の遅れ／「電子政府」で後退を続ける日本／揺らぐ「自動車一本足打法」／パナソニックついに王者から陥落／米中の背中が遠ざかる自動運転／血と汗と涙の「匠の技」で逃した3Dプリンター市場／GAFAMとは桁違いに貧弱な日本企業の研究開発投資／大学の地位低下と海外留学の減少が暗示する日本の未来／「日本語の壁」で守られなくなる教授たち／デジタル教育の遅れは文科省の不作為が原因／「日の丸信仰」と「〈血と汗と涙〉信仰」／菅政権に改革はできない

第8章　真の先進国になるための改革

269
「そもそも日本経済に成長は必要か？」／「先進国」の条件は国民の幸せ／「二つのやさしい」と「二つの厳しい」を満たす国／人にやさしくない日本／自然・環境にやさしくない日本／悪人は逃げ切り、不公正が横行する日本／四つの分野でリフォーム・オブ・リフォームを／DX改革の目玉が「デジタル庁」？／デジタル「省」を避けた官僚たちの思惑／デジタル省で経産省と総務省を解体・縮小／デジタル省で公務員改革も実現／公正な社会を作る切り札「マイナンバーカード」／GX　グリーントランスフォーメーション／「原発を動かせ」と言いながら廃炉にする方法／容量市場に見た、発送電分離を根本から見直す必要性／「規制の虜」経産省からエネルギー政策の権限はく奪／もう一つのDX　分権改革／ナンチャッテ地方創生を止めろ／目指すは江戸時代超え　エネルギー産業の転換で地方躍動／EX教育改革で取り戻す文科省の怠慢のツケ／雇用のデジタルデバイドをなくすリカレント教育／学校教育と職業訓練――省庁の垣根をなくす／100兆円の教育予算追加投入は未来への投資／不公正を正すための改革／「闇のとんかつ」を喜んでいる国民に危機意識は芽生えない？

あとがき　331

企画協力　メディアプレス
編集協力　小泉明奈、松山令子
図版作成　Zapp!　白金正之

第1章　「官邸官僚」はどこまで凄いのか

総理の化身か分身か?――総理秘書官

第2次安倍政権で最も力を持ったのが、「総理の分身」と呼ばれた今井尚哉内閣総理大臣秘書官(政務)兼内閣総理大臣補佐官である。中には「総理の化身」と呼ぶ人がいるくらいの権勢を振るった。「官邸官僚」という言葉が安倍政権を語る上で欠かせない言葉となったのも、彼の存在によると言っても良いだろう。

まず、一般論として総理秘書官を紹介しよう。総理秘書官は、特別職の国家公務員である。つまり、一般の公務員とは違い、例えば国家公務員法がそのまま適用されることはない。最大の特色は政治任用ができることだ。条件として国家公務員試験に合格する必要はないし、特別な能力や専門知識なども必要とはされない。極論すれば、総理の好みで決めればよいし、こいつはダメだとなればいつでもクビだ。したがって、組織やポストというより「総理個人に仕える」という性格が強い。内閣官房組織令第11条によりその定数は五人だが、附則により当分は七人とされている。また「総理個人に仕える」性格上、総理秘書官は総理の辞任とともに交代する。ただし、後任の総理と特別な関係がある場合などは例外だ。安倍前総理の秘書官だった防衛省出身の増田和夫《ますだかずお》氏が菅総理の秘書官になったのがその例だ。

総理秘書官には政務担当と事務担当がいる。慣例では、首席秘書官とも呼ばれる政務担当の秘書官が一人で、残りが事務担当の秘書官となる。

政務担当の総理秘書官は、いわゆる総理個人の「秘書」であり、総理の政務案件はもちろん、スケジュール管理や身の回りのことをすべて担う。総理の家族のことなども、政務の総理秘書官が目を配る。総理をよく知り、信頼も厚くなければ務まらない。そのため普通は国会議員時代からの秘書がそのまま政務の総理秘書官となることが多く、小泉純一郎《こいずみじゅんいちろう》内閣（2001～06年）の飯島勲《いいじまいさお》氏などが有名だ。まれに官僚出身者などが選ばれることもあり、橋本龍太郎《はしもとりゅうたろう》内閣（1996～98年）での通商産業省（現経産省）出身の江田憲司《えだけんじ》氏（現衆院議員）も、今井氏同様、官僚出身で政務担当の総理秘書官を務めた。

ただし今井氏は、総理の身の回りのことだけでなく政策立案にも堂々と関与し、19年9月からは総理補佐官も兼務した。総理個人と政策の両面に目配りする今井氏は、「総理のご意向」の伝達役の中でも抜きんでた地位に立ち、冒頭に紹介したとおり、「総理の化身」と呼ばれるほどの絶大な力を持つことになったのである。

一方、事務担当の総理秘書官は、政策面での各省との連絡調整などを主な職務として総理を補佐する。慣例として、財務省・外務省・経産省・警察庁の局長級が就任する。２０１０年からは、防衛省からも任命されるようになり、社会保障を重視した民主党政権と、新型コロナウイルスへの対応に迫られた菅政権においては、厚生労働省出身者も任命された。

この事務担当の総理秘書官は、総理からの特段の指名がない場合、新総理が決まった段階で各省庁がふさわしい人物を推薦し、大抵はそのまま任命される。時に総理が拒否することもあるが、その場合は、各省庁が事前に用意した第二候補が選ばれる。もちろん、総理が自分で指名する「一本釣り」もある。そうした経緯は表には一切明かされずに終わるのが普通だ。

総理秘書官の人事が各省庁主導で行われた場合は、彼らは総理の秘書に任命されたからといって、必ずしも総理と完全に利害が一致するとは限らず、総理に気付かれないように出向元の省益を優先する行動に出る場合も多い。私も経産省出身の総理秘書官のところに通って、自分の仕事をうまく進めるために情報を取ったり、あるいは、総理の行動を誘導してもらったりといったことも経験した。反対に、総理秘書官に頼まれて、経産省に都合の悪いことでも何とか省内を通すというようなこともあった。一言で言えば、すべてギブアンドテイクというところだろうか。もちろん、総理と総理秘書官と各省庁の関係は、総理と各省庁との力関係や、総理と秘書官の個人的関係によっても大きく異なる。

和泉補佐官は世渡り上手？

官邸官僚の中で、安倍政権以降、「総理補佐官」という名称を耳にすることが増えた。今井氏や長谷川氏が補佐官を兼務したことと、後に述べる和泉洋人氏が注目されるようになったからだ。総理補佐官は内閣法第22条の規定により、「内閣総理大臣の命を受け」て、総理が内閣の重要政策の企画立案をする際に、その補佐をするのが役割だ。定数は５人。国会議員、官僚や民間人が就任し、それぞれ決められた職務を担う。

総理秘書官と同じく特別職の国家公務員だが、待遇としては官房副長官補や各省の次官級とほぼ同等で、年間給与額は約２３５７万円だ。課長～局長級とされる総理秘書官よりも格上となる。閣僚になれなかった議員を処遇するポストなどとして扱われることもある。

菅政権で総理補佐官を務める和泉洋人氏は、この総理補佐官に幾度も再任されてきた人物だ。和泉氏は、東京大学工学部を卒業し、旧建設省（現国土交通省）に建築技官として入省、住宅畑を歩み2007年に住宅局長に就任したという経歴を持つ。国交省は慣例として、旧建設省技官と旧建設省事務官、旧運輸省という3つの出身部門で、事務次官ポストをたらい回しにしてきたが、旧建設省技官の中でも事務次官になれるのは土木技官に限られるため、建築技官の和泉氏は、国交省では次官になれなかった。第1次安倍政権の09年に内閣官房地域活性化統合事務局長を務めた後、12年に退官。その後、民主党政権末期（野田《のだ》内閣）に内閣官房参与を約3か月務めた。そして第2次安倍内閣発足直後の2013年1月に総理補佐官に抜擢《ばってき》され、菅政権になってからも、現在まで長年にわたりその座を占めている。与野党が入れ替わっても、政権交代があっても、官邸官僚としての地位を保ち続けたのは異例である。「世渡り上手」でなければできないことだ。

その和泉氏は、安倍政権時代から菅官房長官の側近だと言われてきた。横浜市出身の和泉氏が、横浜市議から神奈川2区（横浜市）選出の衆議院議員に転身した菅氏と、20年来の付き合いであることも深く関係しているようだ。和泉氏については、第5章で詳述する。

次に、内閣官房参与という役職もあるが、これは総理の相談役という意味合いが強く、非常勤扱いであり報酬も日当制である。総理あるいは官房長官と親しい人、前政権で重要なポストに就いていた人など、様々な出自を持つ人がいる。

今井氏は安倍総理の退陣後、菅内閣では内閣官房参与となった。その時点で事実上力を失ったと言える。菅氏としては、いきなり今井氏を完全に追い出してしまう形にするのは危険だ。安倍政権時代の裏の話をすべて知っている今井氏だから、菅氏の弱みも握っているだろう。今井氏が次の仕事を見つけて辞職するまでの間は、参与として残し、「これからもいろいろ教えてくださいね」というポーズだけ取って、とりあえず今井氏の離反を防いだ方が得策だ。もちろん、彼が官邸にいることで混乱が生じたら、何かの機会に切りに行くだろう。こうした駆け引きはもちろん、表には一切見えないことだ。

なお、21年３月には、今井氏は三菱重工の顧問になることが内定したと報じられたが、顧問職であれば、非常勤の内閣官房参与と兼務することは十分に可能である。彼の去就には引き続き注目が集まるものと思われる。

霞が関のドン――内閣官房副長官

内閣官房副長官、内閣危機管理監、国家安全保障局長などのポストは、総理個人に仕えるというよりも、内閣が所管する様々な分野の仕事をそれぞれの所掌に応じて仕切る役割を果たしている。そのうち、内閣官房副長官はその名のとおり、官房長官の補佐役だ。内閣全体の運営に目配りし、あらゆることをカバーする。もちろん、一人ですべてを担うわけではない。三人のうち、慣例として衆議院議員と参議院議員から一人ずつの計二人が政務担当、事務次官経験者等のキャリア官僚から一人が事務担当に任命される。この事務担当の内閣官房副長官は官僚のトップの地位であり、名実ともに官僚全体を支配下に置いている。事務の官房副長官を敵に回せば、霞《かすみ》が関《せき》の官僚組織全体を敵に回すのに等しいと言われる。したがって、並みの閣僚以上の絶大な権力を持つ存在である。

私は2008年から09年にかけて、国家公務員制度改革推進本部事務局の審議官をしていたことがある。同本部は内閣に置かれ、本部長は総理大臣だ。担当大臣には最初は渡辺《わたなべ》喜美《よしみ》氏、次に短期間茂木《もてぎ》敏充《としみつ》氏、その後甘利明《あまりあきら》氏が就いた。公務員改革には、霞が関の全省庁が反対。当時の麻生《あそう》太《た》郎《ろう》総理も全く後ろ向きで、自民党内でも、各省庁の利権に巣くう族議員たちのほとんどが、官僚とタッグを組んで反対した。

甘利氏は理解力が高く、改革案を支持してくれたが、問題は麻生総理だ。官邸内の習わしで、総理に上げる重要案件は、必ず官房副長官にも事前に説明する。当時の事務の官房副長官は元警察官僚の漆間巌《うるまいわお》氏であり、もちろん、彼は官僚利権の守護者の立場だ。ただ、彼は我々の報告を聞いても直接強い反対はしない。「ふーん」という感じで、もろ手を挙げて賛成ではないという雰囲気を醸し出す。その程度ならいいだろうと、こちらが彼のそのシグナルを軽視して、甘利大臣に強行突破を試みてもらうと、麻生総理が了解しないということが起きる。

後から考えれば、官僚の最大の関心事である国家公務員法の改正案について、事務の官房副長官が手をこまぬいているはずはなかった。官僚を敵に回したくない麻生総理の本心をうまく利用しつつ、霞が関の利益を守るために改革案を葬ろうとした官房副長官の力の大きさを、身をもって感じた出来事だった。

このように官房副長官は、時に閣僚以上の力を持つ重要なポストだが、形式的には閣僚ではないため、総理が代わったからといって必ずしも同時に交代するというわけではない。

官房副長官だけでなく、あらかじめ決まった所掌を持つ官職である内閣危機管理監、国家安全保障局長などは、組織としての継続性を保つため、新政権でも引き続き同じポストにとどまるということはむしろ自然だ。現に、杉田和博官房副長官（事務）兼内閣人事局長、北村滋国家安全保障局長は、安倍政権から菅政権に代わってもそのまま留任した。

官房副長官などは、官僚出身者であっても様々な政治家とのネットワークに強い人が多く、官邸の仕組みも熟知している。そういう意味で「使える」人材は、杉田氏のように長く在任し、総理が代わっても頼りにされるのである。

公安警察内閣と呼ばれて

右に述べた杉田氏と北村氏は、危機管理と公安を担う警察庁の出身だ。警察官僚が官邸でこれほどの要職を占めるようになったのは、第2次安倍政権からである。

官邸官僚と言うと、これまで「経産省内閣」「今井秘書官」に目が向きがちだった。もちろん彼らが国政へ及ぼした影響は非常に大きく、それについては第3章で詳述する。

一方、菅政権下でも引き続き要職を務めている彼ら警察庁出身者グループに着目すると、安倍政権から菅政権まで一貫して、「公安警察内閣」という見方もできるのである。

ではなぜ、第2次安倍政権以降、警察庁出身者の台頭が目覚ましいのだろうか。

ここでは、その代表格である、杉田和博氏、北村滋氏、そして安倍政権で一時期キーパーソンであった中村格《なかむらいたる》氏（現警察庁次長）の来歴についてごく簡単に振り返っておこう。

官邸最長老の杉田氏は1966年に東京大学法学部を卒業して警察庁に入り、警察官僚の出世街道である警備・公安畑を歩んだ。82年、中曽根康弘《なかそねやすひろ》内閣で後藤田正晴《ごとうだまさはる》官房長官（当時）の秘書官を務めたこともあった。

その後、順当に出世街道を走っていたかと思えば一時期左遷されたり、浮き沈みの大きい道程を経て、97年4月、内閣官房内閣情報調査室（内調）室長に就く。2001年1月の中央省庁再編により、内調室長は内閣情報官となり、杉田氏はその初代として任命された。さらに4月には、歴代の警視総監が就いてきた内閣危機管理監に抜擢される。警察庁長官や警視総監にはなれなかったが、内閣の中でそれに匹敵するポストを得たわけだから、立派なリベンジだ。

その後、杉田氏は2004年に退官し、高級警察官僚にふさわしくJR東海に役職を得て天下る。JR東海を率いていたのは、葛西敬之《かさいよしゆき》氏。葛西氏は、財界の「安倍晋三応援団」の団長という立場にある。その葛西氏が2012年末の第2次安倍政権発足時に杉田氏を官房副長官として推薦し、それが実現したとも言われるが、いかにもありそうな話ではある。ちなみに、杉田氏の息子はJR東海に入社している（森功『官邸官僚』文藝春秋、2019年5月刊）。

こうして現在まで官僚の頂点である官房副長官を務める杉田氏は、2017年8月からは内閣人事局長も兼務し、600人超の幹部官僚人事を掌握している。

2020年の学術会議任命拒否問題では、杉田官房副長官の関与が大きな話題となったが、杉田氏はその他にも様々な人事に介入をしてきたと報じられる。それについては次章で詳細を述べる。

内調は時の政権次第

杉田氏に次ぐ警察庁出身の実力者、北村滋国家安全保障局（NATIONAL SECURITY SECRETARIAT、NSS）長は、1980年に東大法学部を卒業し警察庁入りした。北村氏も杉田氏と同じく、警備・公安畑のエリートだ。北村氏は2006年の第1次安倍内閣で、警察庁出身の総理秘書官（事務）として安倍政権を支えた。

その後、民主党政権下の11年12月に内調のトップである内閣情報官に就任。これは「北村氏の官邸入りは、仙谷由人《せんごくよしと》元官房長官の強い要請だった」（森功『官邸官僚』）とされる。北村氏は02年から徳島県警本部長を務めていたが、利権政治家でもあった徳島選出の仙谷氏は、自己の脛《すね》の傷を知り尽くしている北村氏を官邸官僚に取り立てることで身を守ったのではないかと私は見ている。というのは、四国地方整備局に勤務経験のある国土交通省の官僚OBによると、仙谷氏は四国の建設利権に深く入り込んでいたという。彼の表現によれば、仙谷氏は「並みの自民党議員よりも凄《すご》かった」、稀有《けう》な野党政治家だったということだ。

北村氏は、12年の年末に発足した第２次安倍政権下でも再任され、７年半にわたって内調を率いた。警視総監と同格となった、内調のトップ・内閣情報官だが、その役割の大きさは「時の政権次第」だ。北村氏にとって幸いだったのは、第２次安倍政権が内調を思い切り活用しようとしたことだ。当然ながら、北村氏が持つ権力も大きくなったのである。

「モンスター」と化した内調

内調と言っても一般人にとっては、何をしているのかはよくわからない「ちょっと恐ろしそうな組織」という感じだろうか。確かに得体のしれないところはあるが、一言で言えば、内閣総理大臣直轄の諜報《ちょうほう》機関だ。国内外の膨大な情報を収集している。時の権力者が欲しいと思う情報なら何でも集めるし、それをさらに分析して官邸首脳に解説付きで提供する。また、そうした情報を使って、国内世論対策をするのも大事な役割だ。

そう説明すると、随分立派な組織だと思うかもしれないが、ＣＩＡ（米中央情報局）などと比べたら、大人と赤ん坊くらいの違いがあると考えた方が良いだろう。歴代内閣によって段階的に強化されてきたとはいえ、彼我の差はまだ歴然としている。

ただし、この組織を馬鹿にすると大怪我のもとになる。本来、内調は、内閣が重要な政策を企画立案し、それを実行するために必要な情報を収集・分析したり、自ら調査研究したりするのが仕事だ。もちろんその中には、治安維持のための情報活動も含まれる。いずれにしても、内閣のための組織だということは、「国民のための組織」である。逆に言えば、国民のためになる情報を集めるのが仕事で、それ以外の情報は集めるべきではない。ところが、実際にはそうでなくなっているのが今の内調の問題だ。

内調は、彼らを指揮する総理大臣、官房長官、官房副長官が、国民のためにではなく、政権を守るために、あるいは与党のために、さらには個人的利益のために、内調という情報機関を使おうとした場合、そういう情報を集めることはできないと断るべきである。だが実際には、彼らは総理、官房長官、官房副長官らの指示通りに、本来収集することが認められないような情報でも集めている。個人攻撃のための材料を集め、しかも、それを自分たちの都合の良いタイミングでリークするその手口。卑怯《ひきょう》極まりないやり口であるが、過去に表に出たのは、氷山の一角に過ぎない。

このような内調の行動を見たら、どんな人間も恐怖感を抱く。内調が本気で潰《つぶ》そうと思えば、ほとんどの人は抵抗不能。それが総理の指示の下に行われていれば、誰も止めることはできない。半ば無法地帯と同じだ。官房機密費という領収書もいらない資金が注ぎ込まれれば、さらに鬼に金棒となる。

こうして内調は、「モンスター」と化したのである。

ナンチャッテ諜報機関

戦後の日本には強力な情報機関がなかった。官邸、警察、外務、防衛、さらには各省ごとに情報機関的な活動を行う部署はあるが、それぞれが組織・人員、資金・能力の面で全く不十分な上に、縦割りの弊害が強く全くバラバラで、足の引っ張り合いは日常茶飯事だった。「ジャパン・アズ・ナンバーワン」と言われる黄金期を経て日本の国際的存在感も増し、燻《くすぶ》っていた「日本版ＣＩＡ」構想が動き出した後も、主に外務・警察の縄張り争いが激しく、この構想は今日まで実現はしていない。ただし、全く進んでいない訳ではなく、最近では国家安全保障局の設置、特定秘密保護法制定など、少しずつ官邸のインテリジェンス（情報活動）機能は強化されてきている。

現在、内調にはプロパーの職員の他、警察庁や防衛省、公安調査庁などからの出向組を含めて約400人のスタッフがいるが、万単位のスタッフを抱えるCIAとは比べものにならない。内調の仕事も、新聞や雑誌、ネットなどの公開情報を精査し、情報分析を行う「オープン・ソース・インテリジェンス」が中心だ。もちろん、「ヒューマン・インテリジェンス」（人的なつながりで行う諜報活動）や「シグナルズ・インテリジェンス」（盗聴などによる諜報活動）も行うが、基本的には合法活動を行っているので、大した力はない。

私も何回か内調のスタッフの要請でヒアリングを受けたことがある。初回は、どんな人が来るのだろうと身構えたが、拍子抜けするほど普通の「お役人」だった。話の内容も大したものはないのだが、驚いたのは、先方がほとんど勉強していないということだ。こうした情報でも大量に集めて分析すれば、意味があるのかなと思ったりしたものだ。あまりにつまらない話だったので、先方もおそらくがっかりして、もう来ないだろうと思ったのだが、その後も2回くらいヒアリングがあり、さらに驚いた記憶がある。

彼らにとっては、自分たちと同じようにスクープ探しをしている記者たちから情報をもらえれば、非常に手っ取り早い。元はといえばマスコミ発の情報が内調内部で共有され、それが幹部に報告される。その際、スタッフのレポートは、当然上司が喜ぶようなニュアンスを付け加えているであろうし、物語としても面白いものに仕立て上げられるのだろう。

それが巡り巡って、また内調幹部や官房副長官などからマスコミに、都合よく脚色されて流される。そうすると、それをもらった記者たちは「内調の極秘情報です」などとさらに膨らませ、社内でメモを上げていく。日本の情報機関とメディアの「共同情報膨張作業」である。

前述したとおり、個人潰しの情報機関としては「モンスター」化した内調だが、本来の国家のための情報機関としては、ほとんど役に立っていない。「ナンチャッテ諜報機関」だと見た方が良いというのが私の見方だ。

現に、安倍政権になってから内調が強大化していると言われるが、内調が国家のために役立ったという話は聞いたことがない。警察組織を合わせてみてもどれだけ貢献しているのかというと、はなはだ心もとない印象だ。小泉純一郎政権の時に北朝鮮関連の情報収集などで活躍したと言われるが、安倍政権時代には、北朝鮮のミサイル発射情報では韓国の情報の方がはるかに信頼できると言われたし、拉致被害者の奪回についても、他の組織ともども全く成果を挙げられなかった。

「やってる感」の演出で副長官狙い

北村氏は19年9月の内閣改造の際に、国家安全保障局長に就任した。同局は、外交・安保政策の司令塔となる国家安全保障会議（日本版ＮＳＣ）の事務局で、第2次安倍内閣が2014年1月に発足させたものだ。初代局長は元外務次官の谷内《やち》正太郎《しょうたろう》氏だった。第2次政権発足以降、「外交の安倍」を旗印に「地球儀俯瞰《ふかん》外交」「戦後外交の総決算」を掲げた安倍総理だから、初代安保局長が外務官僚ＯＢということに違和感はない。しかし、重要外交課題である北朝鮮の拉致問題、北方領土交渉、対米貿易交渉など、どれをとっても成果が全く出ず、手詰まり感が強かった。

「外交の安倍」を強く打ち出してしまったために、逆に看板倒れだという批判も当然ながら強くなる。何とかして「やってる感」を維持したい安倍氏は、ロシアの情報機関とパイプを持つ腹心の北村氏に、停滞する北方領土交渉の進展を期待し、また北朝鮮による日本人拉致問題の打開を託そうと考えたのかもしれない。

しかし、北村氏の専門はインテリジェンスであり、外交・安保政策の経験不足は否めない。外務、防衛両省のエース級が揃う国家安保局の面々から見れば、「素人に何ができる」という不満がくすぶっているのは容易に想像できる。

　とはいっても北村氏本人は、就任以降各国の要人らと会談し、水面下でも日韓軍事情報包括保護協定（ＧＳＯＭＩＡ）の失効回避を主導したなどとも伝えられる。さらに20年1月には、閣僚ではないのにも拘《かかわ》らず、米国のトランプ大統領（当時）、ロシアのプーチン大統領と相次いで面会するなど、安倍氏の「やってる感」よりも、北村氏自身の「やってる感」を派手に演出してきた。20年4月の予定だった中国の習近平《しゅうきんぺい》国家主席の国賓訪日が実現していれば、その過程で王岐山《おうきざん》副主席や中国外交担当トップの楊潔篪《ようけつち》・中国共産党政治局員らと折衝を重ねていたことから、日本外交の久々の得点に貢献したとして安倍総理からも感謝されたであろう。新型コロナの影響で習氏訪日が実現しなかったことは、北村氏から見れば不運ではあった。

　北村氏は20年12月付で米国防長官が授与する最高級の勲章「特別功労章」を授与された。授章理由は、日米同盟の強化や「自由で開かれたインド太平洋」構想の下での地域協力、日米豪印および日米韓の連携推進に貢献したためとされる。

　しかし、これは額面通りに受け止めてはいけない。この手の勲章を含め、米政府が外国人に名誉ある評価を与えるときは、その人物が米国の利益に貢献しているか、または貢献することが期待できる場合だ。それによって、さらに米国の利益のために働かせるという狙いがある。つまり北村氏は、日本のためにはさして貢献していないかもしれないが、少なくとも米国のためには大きく貢献していることが、図らずも証明されてしまった。

余談になるが、私は日米構造協議をやっている頃、米国が求める規制緩和を日本の産業政策の観点から政府内で強く推進していた。するとそれが米国政府の目に留まり、1995年にモンデール駐日米国大使（元副大統領）から、1か月の米国視察旅行（インターナショナル・プログラム）を正式な署名付きレターでオファーされたことがある。米国内で大統領以外の誰とでも、通訳をつけて会わせてくれるというのだ。メディアを呼んでの講演会もさせてくれるという。過去に招待された人を見ると、首相経験者などの著名な政治家が並ぶ。当時課長補佐だった私には過大なオファーである。

どうしてかと考えたのだが、米政府としては、それで私を洗脳して米国ファンになってもらい、「米国のための」規制緩和に励んでもらおうというしたたかな狙いがあるのではないかと思った。米国との交渉に立ち会っている官僚としては、なかなか微妙な気持ちだ。もし仮に、このオファーを受けようと通産省（当時）の官房に相談していたら、「お前やっぱり、アメリカとつるんでいたのか」と疑われ、その後の仕事が非常にやりにくくなるのは必至だった。結局私は、そのオファーを断った。

この話をしたのは、北村氏はインテリジェンスのプロとして、同盟国の米国に勲章をもらうことを、単純に喜んだのだろうかという疑問を感じたからだ。

警察庁に残って警視総監や警察庁長官を狙うことはかなわなかった北村氏だが、内閣に来てから、彼の権力は瞬く間に拡大し、今や警察トップよりもはるか上に立つ位置に上り詰めた。しかし、彼としてはこれで満足するわけには行かない。北村氏は、警察官僚としての出世レースを途中離脱させられたことに「ルサンチマン（怨恨《えんこん》）」を持つとの見方もある（20年9月6日、毎日新聞、森功氏インタビュー記事）。その彼は、高齢でそう遠くない時期に引退するとみられる杉田氏の後を継いで官房副長官となることを、当然射程に入れているはずだ。警察を超えて全霞が関の官僚の頂点に立つ。そうなれば、彼にとって最高のリベンジとなるのは言うまでもない。米国の勲章をもらうなど、安保局長としてとにかく「やってる感」を演出するのは、政権のためというより自分のためかもしれない。

伊藤詩織さんから走って逃げた札付きの男

「公安警察内閣」を語る上で外せない第三の男が、20年1月に警察庁ナンバー2のポストである次長となり、現在順調な出世街道を歩んでいる中村格氏である。東大法学部卒業後、

1986年に警察庁入りした。中村氏と言えば、何と言っても「伊藤詩織《いとうしおり》さん事件」で、性的暴行の加害者である山口敬之《やまぐちのりゆき》氏の逮捕を直前で潰した人物であることに触れないわけには行かない。

元TBS記者（ワシントン支局長）の山口敬之氏は、かつて「安倍首相に最も近いジャーナリスト」と呼ばれていた。彼は安倍氏をテーマに書いた著書『総理』（幻冬舎、2016年6月刊）に、「総理就任後も、私は会食や登山、ハワイでの休暇など様々な機会で安倍と時をともにした」と書いている。そして、2012年9月の自民党総裁選への出馬を迷う安倍氏と勧める菅氏との間を取り持ち、安倍氏の勝利後に菅氏から「あの夜の山口君の電話がなければ、今日という日はなかった。ありがとう」と満面の笑みで握手を求められたと記しているほど、政権中枢に入りこんでいた人物だ。

2015年、ジャーナリストの伊藤詩織さんがこの山口氏から性暴力を振るわれた。この事件を捜査していた高輪《たかなわ》署の捜査員は、6月8日、逮捕状を持って成田《なりた》空港で山口氏の帰国を待ち構えていた。ところが、逮捕直前になって上層部からストップがかかった。この逮捕取りやめを指示したのが、中村格警視庁刑事部長（当時）だった。

中村氏は民主党政権の2009年9月から第2次安倍政権に代わった後の15年3月まで、

足掛け7年半も内閣官房長官の秘書官に出向していた。「菅氏の懐刀」だった中村氏が、菅氏や安倍氏と昵懇《じっこん》である山口氏の逮捕を、妨害したのである。

山口氏は2015年8月に書類送検されたが、結局、翌年7月22日付けで嫌疑不十分として不起訴処分となった。伊藤さんは戦いを続け、17年5月に実名で告発、19年12月に東京地裁における民事裁判で勝訴した（山口氏は控訴）。伊藤さんは20年、米国「TIME」誌の「世界で最も影響力のある100人」に選ばれている。

伊藤さんの著書『Black Box』（文藝春秋）には、伊藤さんが二度にわたって直接、中村氏への取材を試みたというくだりが出てくる。それによれば、中村氏は一切の説明をせずに逃げたという。

〈出勤途中の中村氏に対し、「お話をさせて下さい」と声をかけようとしたところ、彼は凄い勢いで逃げた。人生で警察を追いかけることがあるとは思わなかった。

私はただ、答えが欲しいのだ。中村氏にはぜひ、「私のした判断は間違いではなかった。なぜなら……」ときちんと説明して頂きたい。なぜ元警視庁刑事部長の立場で、当時の自分の判断について説明ができず、質問から逃げるばかりなのだろうか？〉（『Black Box』より）

なおこの伊藤詩織さん事件には、前述の北村滋氏も関わりがあるとみられている。週刊新潮が山口氏へ取材依頼書をメールで送った直後、「北村さま、週刊新潮より質問状が来ました。伊藤の件です」と山口氏からの返信が届いたという。どうやら山口氏が「北村さま」に相談するため、メールを転送しようとして、誤って週刊新潮へ返信していたのである。かなり動揺していたのだろう。この「北村さま」こそ、北村滋内閣情報官（当時）ではないかと思われるが、両者は否定している。

中村格氏は、私がコメンテーターとして出演していたテレビ朝日「報道ステーション」を降ろされた件にも、深く関わっている。

２０１５年の１月、ジャーナリストの後藤健二《ごとうけんじ》さんがイスラム国（ＩＳ）の人質になり、ビデオが公開される三日前、安倍総理（当時）が「中東でＩＳ国と戦う周辺各国に、２億ドルの支援をする」と発言をした。これはＩＳへの宣戦布告と同義であり、後藤さんを見殺しにする行為である。私はこの安倍総理の行動を「報道ステーション」で痛烈に批判し、「日本人は安倍のように戦争をしたい訳ではない、『I am not ABE』というプラカードを掲げよう」と視聴者に呼びかけた。

するとテレビ朝日の幹部に、菅官房長官の秘書官だった中村格氏と矢野康治氏（現財務省主計局長）の二人が電話をかけてきた。幹部は中村氏の電話に出られなかったのだが、ショートメールで「古賀は万死に値する」という趣旨の抗議をしてきたそうだ。「I am not ABE」が許せなかったらしい。当時は集団的自衛権の法案をこれから通すというタイミングであり、「ISに捕まっている後藤健二さんを、安倍総理が見殺しにした」というとんでもないストーリーになったら、安倍氏が窮地に立たされる、と焦ったのだ。

そうした官邸からの圧力により、同年3月、私は報道ステーションから降ろされることが決まった。最後の出演の日、私は「I am not ABE」というプラカードを出し、再度安倍政権へ抗議の意を表明した。

警察幹部は権力志向の塊？

警察庁の官僚はわずか600名で、全国47都道府県、30万人に及ぶ警察組織を握っている。入庁すると、ほぼ全員がいずれかの都道府県警のトップ「本部長」となり、数千人に号令する立場となる。権力も握れるし、天下り先も豊富で一生の安泰が入庁時に保証されるという意味で、国の治安、国民の命と安心を守るというやりがいを除いても、考え方によっては魅力的な職場だ。

もちろん、国民の命と暮らしを悪の手から守りたい、不正を明らかにして正義を実現したいという高い志を持って警察官僚になる人の方が多いはずだ。しかし、警察幹部になる人の中にどれだけそうした志を維持する人がいるのか。官邸で「権力者のために」大活躍する警察官僚を見る限り、どうもそういう人は少数なのではないかと思えてくる。

杉田氏、北村氏、中村氏らは、その代表格だ。さらにその中でも杉田、北村両氏は、「思想警察」とも言える警備公安警察の権化のような存在である。権力志向の塊であるだけでなく、安倍前総理の「思い込み」を支持する、右翼系思想を持つ人物である可能性が高い。共産党はもちろん敵であるし、権力に盾突くリベラル系の主張をする奴らは危険だと考える。そういう勢力は、全部パージしていこう、という考え方になるのはむしろ自然だ。

後述する日本学術会議の会員任命問題で、杉田官房副長官が任命拒否する学者の選定に大きな影響力を及ぼしたということが指摘されている。副長官という立場上、内閣の人事案件に深く関わるのは当たり前のことなのだが、特定の思想を持っている人物がそうした地位にあるとすれば、安倍氏や菅氏の政治的な思想とも共鳴して、本来官邸官僚に期待される、中立的な調整者としての役割を果たせなくなっている可能性が高い。

特定の思想的傾向を持った者を副長官にしておくのは、国家としては非常に危険な状態にあると言うべきであろう。

第2章

人事権を活用し「戦争のできる国」へと邁進した安倍政権

2—1　戦争をするための法律づくり

始まりは内閣法制局長官人事

第2次安倍政権以降、警察庁出身者グループが官邸官僚の中で力を持つようになった背景には、前章でも指摘したとおり、安倍氏との「思想的親和性」の影響もあると言えるだろう。杉田官房副長官・北村安全保障局長の両氏は、元々公安出身である。安倍晋三前総理の悲願である「戦争のできる国づくり」、そのための憲法改正や集団的自衛権・安全保障関連法などの実現に、強く共感するのは極めて自然なことだ。だからこそ安保法制をはじめ、「違憲」だと強く批判される法律を立て続けに通して行くために、警察庁出身の官邸官僚らはあらゆる手段を使い、障害を取り除くサポート部隊として大活躍した。

官僚の世界には、黄金の不文律の一つとして「前例主義」というものがある。

しかし第2次安倍政権にとっては、前例を無視し、法律の解釈を国会の議論さえ経ずに変更するなど、朝飯前のことだった。違法でないことは何でもやるというのは当然。時には、違法であっても捕まらなければ良いという姿勢を示して官僚たちを驚かせた。

その典型例が、２０１３年8月に起きた内閣法制局長官の交代人事。集団的自衛権を違憲だとする法制局長官を更迭し、合憲だとする官僚に代えた。このときの官僚たちの衝撃は大きく、安倍政権の進めた「官僚支配」の幕開けとも言える出来事となった。

安倍政権の官僚支配が強まった契機としては、審議官級以上の幹部官僚人事のすべてに首相官邸が関与することになった「内閣人事局」発足（２０１４年5月）が挙げられることが多い（内閣人事局については後述する）。しかし幹部官僚を経験した筆者から見ると、内閣法制局長官人事の方がはるかに衝撃的な「事件」であった。しかもこの人事が行われたのは、内閣人事局設置前のことである。人事局がなくても、こうした人事はできるし、安倍総理はそれをやる確信犯であることが証明された出来事だったのである。

内閣法制局長官とは、官僚でありながら、閣僚名簿と同時に発表される重要な役職だ。格としては内閣官房副長官と同じで、副大臣級。事務次官はもちろん、その上の大臣政務官よりも格上で、年収は２８００万円を超える。

これほどまでに高い地位を与えられるのには、それなりの理由がある。内閣法制局は法律を作る上で、憲法との関係、他の法律との整合性などをすべて審査する、「法の番人」と呼ばれる最重要部署だ。政府や各省庁が法案を作っても、最終的に内閣法制局がイエスと言わなければ法案を出せない。法律を作る際、官僚から見て最大の難関が法制局の審査だということも多い。官僚が「先生のおっしゃることは良くわかりますが、法制局に相談したところ、絶対にダメだと言われました」と言えば、ほとんどの政治家は「それなら仕方ないな」とうなずく。それくらい法制局の力は大きい。

内閣法制局のキャリア職員は、基本的には各省庁からの出向組で構成される。将来の長官候補者は、参事官という課長クラスで法制局に出向する。そこで法律審査のトレーニングを積み、その中で優秀な人が、出身省庁に戻ったりもしつつ、部長、次長、と昇格する。次長となった法務、財務、経済産業、総務の4省出身者が、交代で長官に昇格するのが、長年の人事慣行だ。

その過程では、法律的な素養はもちろん、省庁間の調整能力や政治に対する姿勢、さらには人格が問われる。あの人が言うのなら、と最後に皆が納得できるような人物、言い換えれば皆に一目置かれる人物が、長官としてふさわしいのだ。

2013年8月、そんな「法の番人」内閣法制局長官だった山本庸幸《やまもとつねゆき》氏（通産省（現経産省）出身）が辞任し、法制局経験のない外務省駐仏大使の小松一郎《こまついちろう》氏を後任に充てる人事が閣議決定され、霞が関に衝撃が走った。

山本氏は経産省の先輩なので、私も現役時代に法案審議などでたびたびお世話になった。法制局の幹部には、自分たちの強大な権限を背景に高圧的態度をとる人も結構いるのだが、山本氏はそういうところがなく、こちらの言い分をよく聞いてくれる人だった。しかもこちらが困っていると、新しい知恵を出して助けてくれることもあった。次長から長官へと上り詰めたのも納得できる人事だった。

法制局は戦後一貫して、集団的自衛権の行使を認めることは憲法９条に反するという立場を堅持してきた。山本氏も同様だ。

そこで、安全保障関連法（安保法）を作り、集団的自衛権の行使を可能にしたい安倍氏は、「だったらいっそ長官を代えてしまおう」と山本氏を更迭し、外務官僚の小松一郎氏を長官に就任させたのである。小松氏は、外務省で国際法局長を務めるなど国際法には詳しかったが、法制局勤務の経験はなく、いきなり長官ポストに抜擢《ばってき》されたのは極めて異例、外務省から長官が出るのも異例。異例尽くしの人事であった。

この時、私は、目が点になるほど驚いた。霞が関中の幹部官僚も同じ思いだったはずだ。

山本氏が何か問題を起こしたわけでもないのに、自分の意に沿わないからと言ってクビにする。しかも後任には、法制局未経験で他省庁の法律の審査などやったことのない、ど素人の官僚を、安保法制のためだけに据えたのだ。

小松氏に交代後すぐ、安倍政権は憲法9条の解釈変更の議論を進め、翌14年7月に閣議決定。15年9月、安保法が成立した。

法制局長官を降ろされた山本氏は、この人事を「官房副長官の杉田和博さんに『辞めてもらう』と直接言われた」と証言している（20年9月30日、朝日新聞デジタル）。杉田氏は山本氏と同格であったが、安倍氏の名代として、一段上の立場で内示をしたということだ。

このような内閣法制局長官人事を思いついたのが誰なのかはわからないが、右翼的思想を持つ杉田氏が、安倍氏を積極的にサポートすべく、この人事を発案したとしてもおかしくない。

今井秘書官が主導した可能性もある。「戦争のできる国」をつくるために必要な法律を策定して国会を通すためには、法制局の長官に「違憲ではない」と言わせる必要がある。そのために長官の首をすげ替えよう、その時どんな問題が起きるか、誰がどう反応して、どんな混乱が起きるかなどを整理した上で、「総理が是非にということであれば、こんな手もあります」と解説をしたのかもしれない。野党やマスコミ対応の想定問答も用意したはずだ。あるいは彼らが、安倍氏に「総理、これしかありません。是非ご決断を」と迫ったのかもしれない。特に今井氏なら、それくらいのことを言ったとしても不思議ではないだろう。

日本の命運を変えた「世紀の大嘘」

集団的自衛権を合憲にして、いつでも自衛隊を出せるようにしてしまったことで、これまでの「憲法の制約があるから、戦争には参加できない」というセリフを、日本は使えなくなった。

今後、米中が南シナ海や台湾で衝突する可能性も否定できない。そのとき、日本政府が米国から「日本も危ない、やられるぞ」といろいろな情報を与えられ、「集団的自衛権で一緒に戦え、俺たちは日本を守るために戦うんだから、お前たちも戦え」と言われたら、断れるだろうか。

安倍氏なら、もちろんすぐにでも参戦したであろう。

安倍氏が日本という国を、戦争のできる国にしてしまった。日本のリスクを飛躍的に高めたのが、安倍氏なのだ。それをサポートした官邸官僚たちの罪は重い。

集団的自衛権の行使容認について、閣議決定前の14年5月に安倍氏が行った記者会見が印象に残っている人も多いだろう。そこには「赤ちゃんと子どもを連れた日本人のお母さん」が外国で戦争に巻き込まれ、米国艦船で脱出しようとしているという設定のイラストパネルが置かれていた。そして、集団的自衛権を行使できなければ、この米国艦船を日本は守ることができない、と安倍氏はその必要性を滔々《とうとう》と語ったのだ。

だが、これはそもそもの設定からしてあり得ない話である。紛争が起こった場合、一般的には各国艦船は民間人を乗船させず、民間の船や飛行機に輸送を要請するのが「軍事的常識」だ。軍の艦船は「敵」に攻撃され、民間人が巻き添えになる可能性が高いからだ。避難民に化けたテロリストが、艦船に乗り込んでくるのを防ぐ目的もあるという。

この会見は、安倍氏と官邸官僚らの「国民は馬鹿だ」という一貫した哲学に支えられた戦略だった。赤ちゃんと子どもを連れた日本人のお母さんのパネルを見せれば、国民は馬鹿だから、集団的自衛権に賛成するはずだと考えたのだ。同時に、馬鹿なマスコミも馬鹿な国民に迎合する、という冷徹な読みもあったのだろう。

その前年の9月にブエノスアイレスで行われたIOC総会での、安倍総理の演説と質疑も、全く同じ構図だった。ここでも安倍氏は堂々と大嘘をついた。「フクシマについて、お案じの向きには、私から保証をいたします。状況は、統御されています（The situation is under control)。東京には、いかなる悪影響にしろ、これまで及ぼしたことはなく、今後とも、及ぼすことはありません」、「汚染水は福島第一原発の0・3平方キロメートルの港湾内に完全にブロックされています」と、東日本大震災の原発事故について述べた件だ。

こんな大嘘をついても、オリンピックが決まれば、国民は単純だから歓喜し、原発事故のことなんてすべて忘れる。その熱気に水を差すことをためらうマスコミは、汚染水よりもオリンピック騒ぎを大きく報道するはずだ、という安倍氏の読みは、残念ながら見事に当たった。五輪誘致決定直後から、それまで隠蔽《いんぺい》されていた汚染水問題が次々と明るみに出たが、マスコミは五輪招致報道を優先し、「大嘘発言」はほとんど追及されなかった。

こうした国民を馬鹿にする基本姿勢は、安倍氏や官邸に一貫していたのである。

トータルで読む「戦争を可能にする法律」

安倍政権は、このような「何でもあり」の手法を駆使し、戦争を可能にするための法律をいくつも作っていった。

内閣法制局長官を交代させ、集団的自衛権行使を「合憲」として作った「安全保障関連法」は、集団的自衛権の行使、自衛隊の全世界での活動、米軍への支援拡大を可能にした。さらに国家安全保障会議の創設、武器輸出の解禁も行った。いずれも戦争へ向けた体制づくりを進めようとするもので、日本の平和主義を根本から変えてしまったのが安倍政権だ。

また「特定秘密保護法」は、行政機関の長が「特定秘密」を指定することができ、漏洩《ろうえい》した公務員らは最高で懲役10年となった。さらに17年6月に成立した「共謀罪」法は、組織犯罪の計画や準備段階で処罰することを可能にしたもので、捜査当局が恣意的に運用し、政府方針に反対する団体を監視する恐れがある。

警察による盗聴の対象を拡大し、その方法を簡単にする通信傍受法の改正も行われ、従来に比べて、一般人が警察に盗聴される可能性が飛躍的に拡大した。

これらの法律一つ一つについて、野党、マスコミ、法曹界などは、知る権利の侵害、言論、思想・信条の自由の侵害、プライバシー保護の権利の侵害というように、個人の人権の問題として個々に批判するという傾向が強かった。

しかし私は、そのような批判の仕方は、極めて不十分だと当初から訴えてきた（例えば、2014年、角川新書『国家の暴走』第一章「軍事立国」への暴走）。これらの法律を全体としてとらえ、その複合的効果を想像しなければ、これらの法律が持つ本当の目的を理解できないからだ。

例えば、特定秘密保護法、国家安全保障会議、安保法制の3点セットが、「日本が今置かれている状況の中で、安倍氏のような好戦的なリーダーによって悪用されたら、戦争に向けてどういう事態が起きるのか」を想像してみればよい。

米中対立が高まる現在、台湾海峡周辺で米中が一触即発の状況に陥る可能性もある。その時、日本を巻き込みたい米国が、「中国は日本が米国を支援できないように、日本の基地を叩《たた》こうとしている。日本を守るために米側から先制攻撃を仕掛けるが、日本も一緒に行動してほしい」と要請をするとしよう。米国は、過去に何度もそういう口実で、先制攻撃を「自衛権の行使」だと強弁してきた。

集団的自衛権の行使を容認した日本が、それでも「米軍が攻撃されたら、日米同盟の下に応戦しますが、先制攻撃には参加できません」と一定の歯止めをかけようとしたとする。

しかしここに、現行のＮＳＣ法と特定秘密保護法がセットになると、どうなるか。

日本が参戦するかどうか、まずは、NSCの四大臣会合が開催され、総理、官房長官、外相、防衛相が協議する。そこで、ある大臣が、「米国の情報だけで参戦を決めるのは危険だ。私は反対だ」と意見を言い、参戦派の総理と激論になったとしよう。

NSCの議事録はほとんど公開されない。仮に、米国の情報が全くのガセネタだった疑いが後に高まったとしても、重要な議論の内容も米国からの情報も「特定秘密」に当たるため、30年経っても議事録は公開されず、国民に知られずに闇に葬ることができる。

そうした状況であれば、反対派の大臣も、総理に逆らって反対するよりも黙って従う方が得、という判断をする可能性が高い。総理に参戦反対を進言しても、総理の誤った判断が国民に糾弾される可能性がないのならば、反対して自分だけが更迭されるのは損だと考えるからである。

もし、特定秘密が2年後には公開されるかもしれない、あるいは国会や第三者機関にチェックされるという仕組みになっていれば、閣僚は後に責任を問われないよう、もっと慎重に判断し、断固反対をすることだろう。また、NSCが存在しなければ全閣僚が参加する閣議で議論することになり、公明党の大臣などが反対するだろうし、その他にも数人が反対して議論が難航する可能性がある。また、いきなり多人数で議論すれば、その内容が漏れる可能性も飛躍的に高まる。それだけ戦争に対するハードルは高いのだ。だが今後は、四大臣会合で方針を決めてしまい、閣議でもそのまま通ってしまう可能性が極めて高くなった。つまり、特定秘密保護法、国家安全保障会議、安保法制という「恐怖の3点セット」によって、外部に議論の内容を知られることなく、しかも後々責任を問われることもないという状況が作られたことにより、かなり「気楽に」戦争に参加する判断ができるようになったのである。

これは、個人の人権が侵害されるということとは次元が異なる。「国家を戦争に導き」、「国民全体の生きる権利を脅かす」ことに直接関わる、大問題である。

列強を目指してバブル崩壊に突き進む

安倍氏の究極の目標は、国民生活の向上ではなかった。「日本を、取り戻す。」というキャッチフレーズを用いていたように、彼は「過去の日本」を目指していた。ではそれがいつの日本なのか。80年代までの、平和主義で成長を続ける日本ではなかったのは明らかだ。

安倍氏が目指す日本とは、「列強と互角に渡り合える日本」、明治から太平洋戦争前までの、「列強を目指す」、「富国強兵」の日本だった。

そして、そうした右翼的思い込みを叶《かな》えるには、長期政権が必要であり、何をおいても高い内閣支持率の維持が至上命題となる。

成長戦略も所詮《しょせん》はそのための道具であり、大手輸出産業が為替差益で儲《もう》けるための円安政策と、国民とマスコミの目をごまかす株価対策だけには全力を挙げた。株価が上がれば、「株式市場は将来を楽観しています、もう少し待てば皆さんの暮らしもよくなります」という言い訳が続けられるからだ。そうして安倍政権は、「戦争のできる列強」になるために、国債の大量発行や日銀による大規模金融緩和、GPIF（年金積立金管理運用独立行政法人）による株式買い増しなどを続けた。その結果、この大々的カネのバラマキ政策は、今や止めようと思っても止められない状況だ。日銀が金融緩和の出口の議論を始めたというほんの小さな噂が広まっただけでも、株価は暴落する。止めたくても止められないということは、行くところまで行くしかないということだ。そして、その行くところとは何かといえば、もちろん「世界の列強国」などではない。

「バブルの大崩壊」である。

2―2　「官僚支配」は人事がすべて

使える権力はとことん使う

７年８か月もの長期政権を続けた安倍氏は、総理と官邸が主導する「官邸主導」を進めた。官邸主導は、自民・公明という与党に対して官邸が優位に立つという意味と、「政と官」という意味での官僚に対する官邸主導の意味がある。第２次安倍政権における安倍総理、菅官房長官、「総理の分身」今井尚哉総理秘書官という三者全員が、いずれの意味でも、すべての案件は「俺たちの思い通りに仕切る」という考えを明確に持っていた。

特に安倍氏自身が非常に強い思い入れを持つ「安倍案件」、改憲、安全保障、外交、東京オリンピック・パラリンピックなどや、安倍氏の進退に関わるスキャンダルについては、時に法律や憲法に反してでも、強引に官邸主導で進められた。権力者に対する戒めの言葉、「権力は謙抑的に行使せよ」とは正反対。普通なら、やり過ぎだと考えること、誰も考えないほど酷《ひど》いことでも、ためらいなくやってのける。使える権力は一〇〇%、いや二〇〇%余すところなく使うということだ。そういう意味で、この政権は非常に恐ろしい政権だった。

第2次安倍政権が「前例のないことでもためらいなくやってのけた」ことの代表格が、官僚の人事への露骨な介入だ。官邸主導を実現するために、官僚支配を進める手段として、内閣法制局長官人事への介入や内閣人事局の設置などを進めていったのである。

官僚たちは、第2次安倍政権発足から1年も経たないうちに、これまで政治家にしてきた「抵抗」は安倍政権には一切通用しないということに気付いた。

それまでは、総理自身に意見を言う、あるいは周囲の政治家や利益団体を騙《だま》したり、利益誘導したりして、総理を説得させるという形で、抵抗することができた。政治家と官僚との間には、相互依存と牽制、双方を併せ持つ緊張関係が成立していたのだ。

しかし第2次安倍政権では、その関係は一変した。「持っている力は、一切ためらいなく使い切る」、「抵抗する者は完膚なきまでに叩き潰《つぶ》す」という官邸の姿勢を、官僚たちは肌で感じた。すなわち、一方的に官邸が官僚を支配する関係が成立したのだ。

そうした状況下において「モリカケ桜」などの安倍氏の不祥事が起きた時に、真実を明らかにするなどということを官僚に期待しても無理だ。「そんなことをしたら何をされるかわからない。それなら、ここは思い切り媚《こ》びて総理を守り、出世のネタにしよう」と考える官僚連中が増殖するのは当然である。

問題の本質は、内閣人事局の設置といった手段よりも、安倍政権のこうした「権力をためらいなく使い尽くす」姿勢にある。もしも官僚が政権に逆らったら酷い目に遭わされ、逆に思い切り奉仕すればすごい報酬が待っている。それが、官僚機構を腐敗させる様々な問題を生んでいったのだ。

内閣人事局の本当の意味

２０１３年８月に起きた内閣法制局長官人事の問題の後、２０１４年５月には内閣人事局が発足した。

実はこの内閣人事局は、自民党の福田《ふくだ》康夫《やすお》内閣（07〜08年）末期からその後の麻生太郎内閣（08〜09年）にかけて、国家公務員制度改革推進本部事務局の審議官（内閣審議官）を務めていた私が、09年に国会へ提出した国家公務員法改正案に入れたものだ。

元々、国家公務員法には「官僚の任命権は大臣にある」と書かれている。しかし以前は官僚の力が強く、事務次官が決めた人事を、大臣がそのまま承認していた。承認しなければ官僚たちのサボタージュに遭い、通したい政策も通らず、やりたい改革もできなくなってしまうからだ。運が悪ければ、官僚が作った落とし穴に大臣がはまって、仕事がうまく行かないのは大臣の責任だとされ、任期の途中で更迭されるなどという事態もあり得る。そこで改めて、官邸に内閣人事局をつくり、幹部人事については総理大臣、官房長官、担当大臣の三者が事前に協議（任免協議）することにしたのである。

ただしこのときの国家公務員法改正案には、内閣人事局の創設だけでなく、私はほかにも重要な改革案を盛り込んでいた。幹部職員などに民間からの公募制を導入し、その目標数を決めることや、特に問題行為がなくても他により優秀な者がいる場合に、局長をワンランク降任させて交代させることなどだ。むしろこれらが国家公務員制度改革の最大の目玉だった。

しかしこの法案は民主党の反対で廃案となり、民主党政権時代の3年間棚晒《たなざら》しにされ、第2次安倍政権の14年にようやく成立した。ところがこの時の改正では、幹部官僚の公募制や、事実上の降任制度などの重要な公務員改革案はすっぽりと抜け落ち、内閣人事局という総理の人事権強化をイメージさせる制度だけがしっかり盛り込まれるという、本来の趣旨とはかけ離れた形で成立してしまった。

もしこの時、管理職や幹部官僚の任用に公募制が広く取り入れられていたらどうなったであろう。出来の悪い幹部に代わり、有能な民間人が大量に登用される。もちろん彼らは、いつ辞めても良い仕事に就ける、実力のある者だ。理不尽なこと、嫌なことがあれば、すぐに辞職できる。クビになることを心配しなくて良いから、内部告発もできる。そんな幹部が何人もいる役所では、官僚が公文書改ざんをしようなどと言ったら、即座に「そんなことは止めろ」という声が上がる。政治家が暴走したり不正を働いたりしても同じだ。官僚に「襟を正せ」などと言ってもあまり響かないものだが、民間人が大量に入ってくれば、仕事のやり方も変わり働き方改革が進むと同時に、不正行為の抑止力となるのである。

しかし、そんなことは安倍氏の関心とは全くかけ離れたことだから、結局これらの条項は、改正案からきれいに消し去られてしまった。安倍氏が必要としていたのは国民のために働く官僚機構ではなく、自分個人のために働く官僚機構だった。自分のために不正を行う官僚を止める仕組みなど、必要なかったのである。内閣法制局長官のクビをすげかえるという強引な手法を見せつけ、官僚を沈黙させた安倍政権では、内閣人事局は、官僚支配の象徴としての機能を果たしたと私は見ている。

官僚支配を完成させた官邸官僚たち

ではこの、幹部官僚の公募制や、事実上の降任制度などの「公務員改革の目玉」を消し去り、政権に都合のいい形で内閣人事局を作ったのは誰か。

安倍総理個人がそこまで考えて実行していたとは思えない。というか、彼にはそれほどの理解力がない。少し勉強すれば普通の人にはわかるかもしれないが、安倍氏には逆立ちしてもわからないはずだ。おそらくこの公務員改革を阻止したい官僚たちが、今井秘書官をはじめとする官邸官僚に働きかけたのだろう。

官僚たちは、内閣人事局そのものを望んではいなかった。私が改正案を作っているときから、財務省を中心に大反対キャンペーンを張り、各省が族議員を使って政治的に葬ろうと仕掛けてきたのをよく覚えている。こちらも、マスコミなどを総動員して対抗し、自民党に法案をいやいや了承させた経緯があった。

官僚たちから見れば、一旦《いったん》廃案になった改正案の再提出は、法案を換骨奪胎する絶好のチャンスだ。しかし内閣人事局は、自民党内で散々議論して一旦は認められた法案の目玉であり、安倍総理らも「官邸主導」に使える内閣人事局を手放すことは考えられない。そこで官僚らの陳情を受けた今井秘書官などの官邸官僚たちが、内閣人事局は作るが、官僚利権を脅かしかねない真の改革となる部分は削除する、という折衷案をまとめたのではないか。

今井秘書官らの立場から見れば、総理の思う通りに官僚人事を行うことができればいいだけであって、民間人を入れることで活力が出たり、省庁の風通しが良くなったりする公務員改革などには興味がない。政策は自分たちが仕切りたいから、各省庁に変に民間人が入って、官邸の意向に反対されても困る。そこでこれらの条文を削り、官僚に恩を売ったのだ。

そして最終的には、警察官僚出身である杉田官房副長官が「公務員改革の目玉」となる条文の削除を決定したはずだ。

官房副長官は官僚のトップであり、非常に大きな力を持っている。前述したとおり、09年に私が国家公務員法改正に携わった際、時として行政改革担当大臣の甘利明氏よりも麻生総理に対して大きな影響力を持っていたのが、漆間巌官房副長官（肩書はいずれも当時）だった。その時同様、14年の公務員改革を骨抜きにした最終責任者も、杉田官房副長官だったと考えるべきだろう。

内閣人事局を作り「官僚支配」を完成させる上で、官邸官僚が果たした役割は非常に大きかったのである。

閣僚をしのぐお化けとは？

内閣人事局のトップとなる局長を誰が務めるのかという問題は、私が法案を作るときから最後の最後まで、最も揉《も》めた点だった。政治家が就くのか、官僚出身者が就くのかが注目され、官僚側はありとあらゆる議員に働きかけ、官僚出身でなければダメだと主張した。

それまで官僚の人事は、法律上は各省大臣が行うことになっていたが、実際には各省庁の事務次官がその権限を行使していた。部下の日頃の仕事ぶりから「こいつはうちの役所のために使える」、あるいは「こいつは俺の言うことをよく聞く」といった主観的な基準で決めるのだ。国民のために働けるかという評価軸はない。したがって、管理職くらいになると、上司や次官、官房長のご機嫌を取りながら出世を狙うというのが、普通の役人の行動パターンとなっていた。ところが内閣人事局ができれば、彼らは上司でもないよその役所の人間に評価され、人事権を握られる。そんな「危険なこと」「予測可能性の低いこと」は、官僚たちには到底受け入れられない。

ただ、どうしても内閣人事局の発足が避けられないのであれば、せめてそのトップは政治家ではなく、官僚出身の官房副長官（事務）にしてくれ、と願ったのである。このときの事務の官房副長官が杉田氏だ。杉田氏本人にとっても、官僚のトップである官房副長官に加えて内閣人事局長にも就くことで、さらなる実権を握りたいと考えていたに違いない。

しかし結局、初代内閣人事局長には、衆議員議員で官房副長官（政務）だった加藤勝信《かとうかつのぶ》氏（現官房長官）が就任し、官僚たちの願いは叶わなかった。

噂では、杉田氏に決まりかけていたのを、菅官房長官（当時）が直前で加藤勝信氏にひっくり返したとされている。これは納得の判断だ。内閣人事局のトップを官僚にすると、本当の「政治主導」にはならないため、内閣人事局長は絶対に政治家が取っておくべきポストだと菅氏は考えたのだろう。さらに、イエスマンの加藤氏なら勝手なことはせず、自分たちの言うことを聞いてくれるという安心感もあった。

ただし、安倍氏や菅氏が信頼した加藤氏は、元財務（大蔵）官僚である。政治家を局長に就ければ官僚たちが大反対するのは目に見えているので、あえて元官僚である政治家の加藤氏を就け、官僚側の不満を逸《そ》らすという狡猾《こうかつ》な思惑が菅氏側にあったのだと思う。非常にうまい人事だった。

菅氏が官房長官時代から、人事による官僚支配の方法についていかに深く考えていたかがよくわかる話だ。

なお2代目内閣人事局長（2015年10月から）は、加藤氏の後任として衆議院議員の官房副長官（政務）となった萩生田光一《はぎうだこういち》氏（現文部科学大臣）だった。3代目（2017年8月から）にしてようやく、杉田和博官房副長官（事務）が人事局長となり、現在に至るまで務めている。2012年から官僚のトップである官房副長官（事務）に就き、17年8月からは内閣人事局長も兼務している杉田氏の力は、下手な閣僚をはるかに上回る。総理、副総理、幹事長などとともに、トップ5に入る権力を持っているとまで言う人もいる。

学術会議は自民右翼の永遠の敵――安倍・菅の問題ではない

長期政権を築いた安倍氏が右翼的思想の持ち主だったこともあり、現在安倍チルドレンなどの自民党の若手政治家を中心に、いわゆる「右翼」が増えている。むしろ自民党では、年配議員の方がリベラルとまでは言わないが良識派であることが多い。

安倍氏の思想に染まった安倍チルドレンたちは、太平洋戦争を否定しない。「日本は追い詰められて戦争に突入した、しょうがなかった」などと戦争を肯定する傾向が見える。

自民党の憲法改正草案は、「改正」と言いながら日本国憲法の「前文」を完全に書き換え、その中核的な文言と言っても良い、「政府の行為によって再び戦争の惨禍が起《おこ》ることのないやうにする」などの言葉を一切排除している。

そのような右翼的思想を持つ彼らから見ると、戦争の過ちを認め、反省し、平和主義を掲げる日本学術会議は「アメリカに押し付けられた日本国憲法」と同じく「とんでもない、亡国の存在」だと映っている。そもそも日本学術会議は、太平洋戦争時に科学者が戦争に協力したり動員されたりした反省を原点に、１９４９年に日本学術会議法により設立された。50年と67年には、戦争を目的とする科学研究を行わないとする声明を出し、また２０１７年にも、防衛省の研究助成制度をめぐる議論を経て、軍事研究とみなされる研究については審査する仕組みを設けるよう大学などに求める声明を出している。

そうしたこともあり、設立当初から今日まで、日本学術会議を潰したい、政府に逆らう言動をさせたくない、などと考える右翼系議員たちは常に存在してきた。

元々学術会議の会員は、全国の研究者による選挙で選んでいた。政府は、学術会議の人事に介入したいと考え、１９８３年の日本学術会議法改正により、会員は学術会議からの推薦に基づいて総理が任命するという方式に変更された。

ただ、当時は世論の良識に押され、丹羽兵助《にわひょうすけ》総理府総務長官（当時）が参院文教委員会で「形だけの推薦制であって、推薦していただいた方は拒否はしない。形だけの任命をしていく」と答弁し、その解釈を今日まで引き継いできた。いわば右翼グループの目論見《もくろみ》は、このとき成功目前で頓挫《とんざ》したのである。

橋本龍太郎政権（96～98年）が道筋をつけた中央省庁再編の頃にも、再び学術会議に関する議論は巻き起こった。潰す、あるいは総理所管からどこかの附属機関に格下げする、などといった意見が出たが、結果的に大規模な中央省庁再編（2001年1月）が施行される中、学術会議問題は先送りされ、「総合科学技術会議」で議論されることとなる。

そこでの議論を踏まえて2003年に出た「総合科学技術会議の意見具申」では、「日本学術会議は（中略）総合的、俯瞰的な観点から活動することが求められている」と記載された。この言葉を何とか学術会議法に入れることができれば、会員に任命したくない人を「偏った観点の持ち主だからダメだ」などと拒否できる、という狙いが込められていた。しかし結局、その後の学術会議法改正ではこの文言は採用されず、「幻の介入手段」で終わった。

20年の任命拒否に際し、菅総理や加藤勝信官房長官が何度も「総合的、俯瞰的な活動を確保する観点から判断した」と繰り返したが、17年越しの執念を感じさせた。

この時も「総合的、俯瞰的な観点」という理由はあまりに抽象的で、何の答えにもなっていないという批判が高まり、20年秋の臨時国会で、菅総理自身が「民間出身者や若手が少なく出身や大学に偏りが見られることを踏まえ、多様性を念頭に判断した」と踏み込んだ理由を述べるに至った。だが、拒否された候補を見ると、この理由と整合的でないことが明らかになり、答弁は迷走。追い詰められた菅総理は、六人の任命拒否については杉田和博官房副長官から聞いたことを認めてしまった。

これにより、警備公安警察出身の杉田氏が、権力に盾突くリベラル系の主張をする人物を全部パージしていこうと考え、実行したのだという「杉田首謀者」説が一気に広まった。一方、安倍氏がこの問題を取り上げ、菅氏が実行したという「安倍・菅主導説」もある。

だが、私の見方は異なる。歴史的に見れば、こうした動きは、安倍氏、菅氏という政治家あるいは杉田氏らの公安警察出身者が主導したのではなく、学術会議発足当初から自民右翼層に脈々と引き継がれるＤＮＡの表れに過ぎない。そして、たまたま安倍総理という「右翼の星」が出てきたために、それが顕在化したと見る方が自然だ。今回の学術会議人事への介入は、こうした歴史の流れの中での、安倍、菅、杉田という「反共右翼トリオ」

による必然的「共鳴の合作」だと見た方が良いと思う。

今回の六人の学者を任命拒否した理由は、明らかに何らかの「思想信条で排除した」ものだ。しかしそれは公に言えないため、「人事上の理由だから明らかにできない」という建前で、官邸一丸となって逃げ回っている。野党が杉田氏の国会招致と人事案の起案に関する公文書の提出を求めたが、政府も与党もかたくなに拒否し続けている。

菅氏はまた、学術会議の会員として推薦された人をそのまま任命することについて「前例踏襲でよいのか考えてきた」と発言した。さらに、自民党が「行政改革の一環」として日本学術会議の在り方そのものを問い直す検討のための会議を設けたりと、任命拒否の理由をはっきりと明示しないまま、論点のすり替えをも行われている。

学術会議の人事に介入することで、「政府の言うことを聞く学術会議」に作り替えたいという官邸や自民党の意向が、ますます浮き彫りとなって来たと言って良いだろう。

学部卒官僚の学者・学問軽視

この学術会議問題であまり指摘されていないことだが、この問題の根底には、官僚たちの「学者否定」、「学問否定」の態度も横たわっている。官僚は、学者を馬鹿にする傾向がである。学者たちは小説『白い巨塔』のように、自治制度に守られた大学内や学会内など「象牙《ぞうげ》の塔」の中で権力闘争を繰り返す醜い人たちであり、彼らの学問は、理屈ばかりで現実には全く通用しないものだ、などと官僚たちは捉《とら》えている。

その背景には、日本の官僚が大学の学部しか卒業していない、つまり、学問を本格的に修めていないという問題がある。海外の官僚は皆、少なくともマスター（修士）を取っているし、さらに出世するにはドクター（博士）を取得する必要がある国も多い。きちんと学問を修めた人が官僚として働く体制になっているのだ。

しかし日本は、主に学部卒（学士）が官僚になっている。そのため右翼・リベラルなどの思想にかかわらず、官僚たちは学者や学問の重要さをほとんど理解していない。それどころか学者を非常に軽視し馬鹿にする。学者や学問への敬意がないから、自分たちの政策に都合の悪い説を唱える学者がいても、それを反省の糧にしたり、より良い政策を作るための材料にしようという発想はない。それどころか、自分の意に沿わない学者や、その最高峰の団体である学術会議などを嫌悪し、攻撃することに何のためらいも感じないのだ。

ただしこの傾向は、日本では官僚だけではなく、民間でも見受けられる。文系が修士になったり、理系が博士になったりすると就職先がなかなか見つからなくなる問題や、博士号を取得した後に任期付きの職についている博士研究員（ポスドク）の生活が安定しない問題は、高学歴人材が高収入の仕事を得られる海外諸国とは真逆の、日本特有の問題だ。

このため日本の工学系の博士号を持つ人材は、現在どんどん海外に流出している。さらに最近では計量経済学者などの人材も、米国のＩＴ企業群「ＧＡＦＡＭ（Google、Apple、Facebook、Amazon、Microsoft）」などに高給で大量に引き抜かれている。

この学者軽視の姿勢は、新型コロナ対応で専門家の意見を聞かない官僚たちの態度にもよく表れている。

ちなみに私もただの学部卒であるので、この批判を書く資格はないかもしれないが、私自身は学者の意見には常に耳を傾け、政策を作る時には参考にさせてもらった。もちろん意見が合わなかったこともあるが、彼らの学説の中には必ず、参考になることが多くあり、基本論と同時に最新の学説を学ぶことは政策立案の上で必須《ひっす》だと感じたし、彼らとの議論が無駄だと感じることはほとんどなかった。

任命拒否の理由を聞いてはいけない訳

野党やマスコミが任命拒否の理由を追及したことは、間違いではない。しかし日本学術会議法に立ち返って考えると、そもそもどんな理由であれ、学術会議会員の任命について、菅義偉総理は任命を拒否してはならないということを指摘しておかなければならない。

立憲民主党のある議員が予算委員会で菅総理を追及する際、「犯罪者のような極端な例では任命拒否できることは認めますが」と発言していた。普通に考えれば、その通りだ。追及の一つのやり方としても面白い。だが、この論法は危険だ。それは何故か。

独立性を保証すべき組織のメンバーの任命について、法律で制限をしたい場合には、内閣の恣意的な介入を避けるために、具体的な欠格事由を法律に書くのが普通だ。

例えばカジノ管理委員会は、内閣総理大臣の所轄に属すること、その委員長と委員は独立してその職権を行うことなど、日本学術会議と類似した組織だ。しかしカジノ管理委員会の委員長や委員は、「禁錮以上の刑に処せられた者」はなれないなどと、法律（特定複合観光施設区域整備法第217条）にわざわざ書いてある。

一方、学術会議法にはこうした規定は全くない。日本学術会議法第7条第2項と同法第17条には、日本学術会議が「優れた研究又は業績がある科学者」の中から会員候補を選考して内閣総理大臣に推薦し、その推薦に基づいて内閣総理大臣が会員を任命すると書かれている。推薦の条件は「優れた研究又は業績がある科学者」とあるだけで、「犯罪者を任命してはいけない」という条項はない。

もう少し具体的に言えば、今後、集団的自衛権を行使して日本がアメリカと一緒に戦争をする場合、戦争批判や敵国礼賛の言論に制限を課す法律ができるかもしれない。その法律が違憲であっても、政府は戦争批判をした学者を訴追し、「犯罪者」の烙印《らくいん》を押すだろう。あるいは、政府の機密情報を使って政府の犯罪的行為を暴き、非常に優れた論文を発表した学者を、政府が特定秘密保護法違反だとして犯罪者にしてしまうということも想定しうる。つまり、「犯罪者」を決めるのは、事実上政府なのだ。

このようなケースを考えると、「犯罪者」は会員に任命できないということを「法律に書いていないにもかかわらず」、政府が任命拒否の理由にすることは誤りであり、学問の自由を大きく侵害する行為であることがわかるだろう。もちろん、学術会議が殺人者を会員にして良いということを言いたいのではない。学術会議自身がそんな馬鹿な判断をすることはあり得ない。そこは学術会議の良識を信頼するしかないのだが、学者の最高権威である組織の独立性と健全性の両立を図るために、人事について学術会議の自治に任せるのと時の権力者にそれを委《ゆだ》ねるのと、どちらが正しいかという問題である。

日本学術会議法制定の本旨は、科学者の代表機関が政府と異なる意見を堂々と述べるのを認めることにより、政府の過ちを正すことにつながるということである。だからこそ、学術会議の会員の任命について、総理に拒否権を持たせるようなことはすべきではない。任命拒否をしてもいい理由が法律に書かれていない以上、いかなる理由も任命拒否の理由として認めてはいけないのである。理由次第では政府が任命拒否をできるとでも受け取られかねない今の議論は、非常に危険だ。

内閣情報調査室（内調）や警察などは、日々、官僚などのスキャンダル情報を集めている。それと同じように学者の個人情報を集め、任命拒否の理由として使う可能性も十分にある。

学者の選考にはあくまでも政府の介入を認めないということが、何より重要だ。学者の思想信条はもとより、女性が少ないだとか私立大学出身者が少ないだとかのいかなる理由でも、政府が任命拒否をすること自体が違法であり、なぜそういう仕組みにしたのかということを理解する必要がある。

安倍政権、そして菅政権は、ありとあらゆる組織の人事に介入しながら、自分たちの意に沿う人物だけを重用する。そうしてすべての分野で異論を排除することにより、安倍氏の「思い込み」で始まった「戦争のできる国」の実現に向けて、邁進《まいしん》しているのである。

第3章
過剰「忖度」官僚が支えた安倍パフォーマンス内閣

3―1　今井秘書官ら経産省出身の官邸官僚の「活躍」

人気取り政策は経産官僚の十八番《おはこ》

「公安警察内閣」と呼ばれる安倍内閣の中心的役割を果たしたのが杉田和博官房副長官だとすれば、「経産省内閣」と呼ばれる安倍内閣の屋台骨となったのが、「総理の分身」今井尚哉総理秘書官兼総理補佐官である。

杉田氏は陰で暗躍する官邸官僚の裏のボス、今井氏は、その動きが大きく報じられる官邸官僚の表のボス、といった趣きであった。

安倍内閣が「経産省内閣」と揶揄《やゆ》されたのは、「総理の分身」である今井氏がたまたま経産省出身で、その後輩をうまく使ったからだと思っている人も多いだろうが、それだけでは皮相だ。むしろ、安倍内閣の本質的な性格と経産官僚の特質とがぴったりシンクロしたから、彼らが重用されたというのが正しい見方である。

その意味で今井氏は、「経産省的な性格」を濃厚に体現していた人物である。

ここで、経産省という役所について解説しておいた方がいいだろう。経産省と言えば、製造業、サービス業の大部分を所管している。貿易も担当しているし、資源もエネルギーも担当だ。さらには、中小企業政策全般から特許政策まで所管していると聞けば、そんなに幅広い役割を担う日本最強の経済官庁なら、官僚も忙しくて大変だろうなというイメージになるかもしれない。しかし当の経産省の幹部官僚に聞いてみると、全く正反対の答えが返ってくるだろう。「昔は大きな権限がありいくらでも仕事があったが、今は大事な仕事が減って、新しい仕事を自分で作らないと失業してしまう」というところだ。

元々経産省は、他の役所と違い、高度経済成長が一段落した1980年代には仕事がなくなっていた。私が入省してしばらくした頃だ。石油ショックへの対応や、日米貿易摩擦などがあるとそれなりに仕事は増えるし、経産省に対する社会の関心も高まる。しかし平時において、経産省が何をしているかと聞かれても、多くの人は答えられないのではないか。それもそのはず、彼らには意味のある仕事はもうほとんど残されていないのだ。

昔は、産業のあらゆる分野に規制が残されていたし、関税やその他の輸入制限政策により国内産業は手厚く保護されていた。これらの規制権限を有した、経産省の前身である通商産業省は、高度成長を続ける「日本株式会社」の参謀本部とも言われ、海外でも「Notorious MITI（悪名高き通産省）」と呼ばれて怖れられるほどの力を持っていた。しかし皮肉なことに、日本企業の競争力が高まり「ジャパン・アズ・ナンバーワン」と言われる頃になると、日本の企業は自立し、通産省を頼る必要がなくなった。米国の要求に応じて関税を下げ、その他の輸入制限的な措置もほとんど廃止されると、通産省に残る大きな規制権限は、資源・エネルギー関連のものだけとなった。

そこで、通産省とその後継の経産省は、常に世間の耳目を引くようなテーマを掲げ、一連の「日の丸」プロジェクトをぶち上げては予算を獲得し、産業界の中での求心力を保った。石油ショック、日米貿易摩擦、対共産圏輸出規制なども、彼らの延命に大きく利用された。しかし、日の丸プロジェクトはほとんどが失敗に終わり、2000年以降は急坂を転げ落ちるように、経産省（旧通産省）の威光は失われるに至ったのである。

私が通産省に入ったのは80年のことだが、当時は第2次石油ショックの影響が残り、危機モードの中で通産省には存在感があった。それでもこの役所では、毎年初めには翌々年度の新政策の議論が始まる。すべての課が新しい政策を出さなければならない。大臣官房と各局の間で議論を続け、7月頃までにはその新政策が決まる。それを予算案に反映して

8月末の予算要求につなげるのだ。秋になるとその新政策の権威づけのために審議会が開催され、新たな補助金が必要な理由を整理したり、関連した法律の制定・改正の準備をしたりして、年末の予算編成に備えた理論武装を行う。年末に予算が決まると、翌年の通常国会に関連法案を提出し、並行して補助金を配るプログラムの創設が行われ、4月からそれが順次施行に移る。そしてその時には、もうその翌年度の新政策の議論が並行して行われているのである。

つまりこうした作業が、年がら年中ひっきりなしに行われていたのだ。しかし、よく考えて欲しい。世の中を動かすほど大きな政策が、毎年出て来るはずがない。しかも官僚は、1年か2年で担当が変わる。新政策の議論を主導した官僚は、その政策の実施が本格化する2年目にはいなくなる。当然、政策の実施フォローは手抜きされ、後任者は自分が手柄を上げるための「マイ」プランを、新政策として仕立て上げることの方に精を出す。

それほどいい加減な政策だから、民間企業の方もよくわかっていて、補助金をもらうためだけに経産省と付き合う。もちろんそれに携わる人員は二流、三流の社員しか出さない。いわば「社内の失業対策」に使われることも多かった。

それでも、経産官僚は入省1年目から幹部になるまで、この作業を続けさせられるから、中身のない政策をもっともらしく見せ、面白いキャッチフレーズや話題作りで世論の目を引くという仕事にかけては、どこの省庁もまねできない高度なノウハウを築き上げてしまった。「大臣が喜びそうな政策を考えろ」と言われれば、二つや三つのアイデアがすぐに上がってくるという具合だ。そういう仕事ができない経産官僚は、「出来が悪い」と烙印《らくいん》を押され、出世競争から脱落する。

その結果、経産省の幹部に上がってくる連中は、話が面白く、気が利いて、フットワークが良く、「意味はないが大したカネをかけずに立派に見える政策」を作るプロばかり、ということになる。やや面白おかしく言うと、経産省ではテレビで大臣の映像が大量に流れるようにすれば、大きく評価されるのだ。

安倍政権は、国民への人気取りの政策、話題にのぼる政策を常に必要とした。憲法改正など首相肝いりの「やりたいこと」が明確にあり、その実現のためには支持率を高く維持しなくてはならないからだ。そんな安倍政権に、「経産省的な性格」はぴたりとはまった。

他の省庁の官僚は、「自分たちの仕事がなくなる」という危機的状況に陥ったことは一度たりともない。厚労省であれば、社会保障政策をこなすだけでも大変であるし、国交省も、公共事業など仕事はいくらでもある。文科省も教育関連の仕事は絶対になくならない。

こうした省庁の官僚たちに「何か面白いことを考えろ」と指示しても、簡単には出て来ない。しかし経産省の官僚なら「わかりました、毎年やってますので大丈夫です」となる。そういう意味で、安倍政権にとって経産官僚は非常に使い勝手のいい存在でもあった。安倍政権が推進した「おもてなし規格」「プレミアムフライデー」などは、彼らの代表作である。

官邸官僚の「残念な」行政能力

「安倍一強体制」と呼ばれた第2次安倍政権だが、実は行政能力はそれほど高かったわけではない。バラマキ、円安政策による輸出メインの大企業支援、株価と地価を上げたこと以外、具体的な成果は出ていない。しかもこれらの成果は、国債の大量発行と日銀による大規模金融緩和によるもので、「官僚の知恵の成果」とは言えない。

安倍氏が頼った官邸官僚は、私が知る限り取り立てて政策面で優秀な人物ではなかった。パフォーマンスと恫喝《どうかつ》に関してはかなりうまくやってきたが、いい政策を考え出す知恵者はいなかった。その結果、第7章以下で述べるとおり、安倍政権下では労働者の平均賃金は下がり続け、国民は貧しくなった。少子化は、改善どころか悪化し、国の借金も拡大の一途。「成長戦略」も不発で、日本の産業の競争力は驚くほど劣化し、気付いてみれば多くの分野で中国の後塵《こうじん》を拝するまでに衰えてしまった。

そして、政策立案能力に劣る安倍政権は、20年に世界を襲った新型コロナウイルス感染症の拡大という未曾有《みぞう》の危機に襲われると、その本質を一気に露呈させた。元々、官僚は「未曾有の事態」が来るとお手上げになる。受験勉強に勝ち抜くことだけで役所に入った彼らは、過去問を解くのは得意でも、前例のない事態にぶつかって「白紙に絵を描け」と言われると、途方に暮れてしまうのだ。

20年1月、国内初の新型コロナ感染者が確認され、2月に外航クルーズ客船ダイヤモンド・プリンセス号内部での感染拡大を食い止められず世界の批判を浴びた。しかしその教訓を生かすことが全くできないまま、日本は新型コロナの第一波に突入した。その後は安倍氏が突然休校要請を出し、子育て世帯を大混乱に陥れたり、布マスク二枚全世帯配布が「アベノマスク」と揶揄され大炎上したり、「国家としての判断が求められている」と政府の対応の遅れを小池百合子《こいけゆりこ》東京都知事に批判されてからようやく出したり、夏以降の感染の第二波が押し寄せる中で「Ｇｏ Ｔｏトラベルキャンペーン」を始めたりと、政府の対策のすべてが的外れで、国民からの批判が集中した。官邸官僚らは、その弾に当たらないよう必死に逃げ続けるので精一杯だったようだ。私にはその様子が目に浮かぶ。

未曾有の危機において必要なのは、政治の強力なリーダーシップである。しかし安倍総理には、改憲の意欲はあっても、他の重要な政策分野に関する知見も哲学もなく、新型コロナの感染拡大をどう抑え込むのか、自ら新たな道を見出《みいだ》すということはできなかった。しかも官邸官僚も、前述のとおり政策立案能力においては二流官僚の集まりで、そもそもことの重要性に気付くのすら完全に遅れ、有効な対策も打ち出せなかった。結局厚生労働省に丸投げし、上がってきた案を官邸官僚がこねくり回し、日々自転車操業で動いていた。これは、菅政権でも同じ。西村康稔《にしむらやすとし》経済再生相が率いる、新型コロナ対策室の職員の21年1月の平均残業時間は122時間。最も長く残業した職員は378時間と、労働災害対象(100時間)を優に超えていた。これだけ官僚を酷使しても、官邸という司令塔が迷走する中では結局何も成果を出せない。二度の延長後に解除された二度目の緊急事態宣言後も、無策のまま第四波を迎えてしまった。そして、21年4月25日には、5月11日までの予定で、東京、大阪、京都、兵庫の四都府県を対象に緊急事態宣言を発出。それでも事態は悪化を続け、期限を5月31日まで延長した上で、対象に福岡、愛知両県を加える事態に追い込まれた。

第一波から一年以上経っても同じことの繰り返しで、何の進歩も見せることができないという深刻な事態に陥ってしまった。

安倍総理を裏で操った政務秘書官今井尚哉氏の功罪

安倍政権の官邸官僚には、経産省出身者が多かったため、かつて私が一緒に仕事をした人物が何人もいた。

長谷川榮一総理補佐官兼内閣広報官は、経産省で私（80年入省）の先輩（76年入省）だった人物だ。彼とは仲良く仕事をしたし、いろいろ教えてもらったことも多い。今井氏よりははるかにまともな人物であった。そんな人物が、どうして安倍政権のでたらめな政治を支え続けようと思ったのか。15年頃だったと思うが、彼に強く誘われて休日に訪れた成城学園前駅近くの和食店で、「安倍さんの政策はあまり褒められたものではないのに、どうして彼の下で働くのか」とやや不躾《ぶしつけ》な質問をぶつけてみたことがある。私は、安倍氏の政策を擁護するような答えを予想していたが、彼の答えは意外なものだった。

「政策云々《うんぬん》ではないんだよね。僕は安倍さんに恩があるから、彼に頼られている限りは、手伝うつもりだ」と言うのだ。

実は長谷川氏は、経産省で次官候補の一人だったが、08～10年に中小企業庁長官を務めたのを最後に経産省を退官した。その時、彼なりの思いがあったのであろう、天下りを拒否して自力で就職先を探したのだ。したがって、彼の経歴にふさわしい華やかなポストに就いたわけではない。そんな彼に対して、安倍氏が第2次政権発足と同時に「総理補佐官になってくれ」と声をかけたのである。彼としては、再び公の舞台で活躍できる機会を与えてくれた安倍氏に感謝するというのは、自然な気持ちだろう。後に広報官まで兼務し、特に海外向けの発信では語学力や経産省時代の人脈も使って、かなり活躍したようだ。ただし、政策についてどれだけ強い影響力を行使できたかは定かではない。

新原浩朗《にいはらひろあき》氏（84年入省）は、女優の菊池桃子《きくちももこ》氏と結婚したことで話題となった人物だが、一言で言えば元気な官僚だ。思い切り自己主張をするのは今井氏に似ている。部下には厳しく、パワハラという指摘がされることもあったが、一方で緻密《ちみつ》であり、経産省には珍しく、割と科学的な思考ができるタイプだった。私もよく彼と議論をしたものだ。内閣府の役職などと兼務で、２０１４年に内閣官房一億総活躍推進室次長、16年に内閣官房働き方改革実現推進室長代行補、２０１７年に内閣官房人生１００年時代構想推進室長代行補などを務め、安倍政権の看板政策に深く関与する。特に、18年に内閣官房日本経済再生総合事務局長代理補になると、安倍官邸の経済政策のとりまとめ役を果たしはじめ、未来投資会議を切り盛りしながら、毎週のように総理と面会していた。「財務省次官が新原氏の言いなりになっている」と若手が反発している、などという記事が出たくらいだ。彼特有の傍若無人なやり方が、その存在感をさらに際立たせた感もあるが、実際はキャッシュレスポイントなど、小粒な経産省の利権拡大・パフォーマンス政策が記憶に残る程度だ。むしろ多くの官僚にとっては、菊池桃子氏との結婚を公表した会見での、似合わぬはしゃぎぶりだけが印象的だったろう。そんな彼に対しての他省庁からの反発は、並大抵のものではなかったようだ。

17年に史上最年少の42歳で総理秘書官となった佐伯耕三《さいきこうぞう》氏（98年入省）は、私とはあまり接点がなかった人物だが、安倍氏のスピーチライターとして、また若手の視点で意見を具申する点で、重用されていたようだ。ただしコロナ禍においては、佐伯氏が提案したと言われる「アベノマスク」は世論の不評を買った。また20年4月の緊急事態宣言中、安倍氏が自宅でお茶を飲んだり飼い犬と戯れたりする動画をＳＮＳに投稿し、大炎上した件も、佐伯氏の発案だったという。佐伯氏が自己の力を過信して、調子に乗り過ぎたのだろう。

そして、今井尚哉総理秘書官（政務）兼総理補佐官（82年入省）である。安倍氏の分身、人によっては化身とまで呼ばれた彼は、新原氏と同じく私の後輩に当たり、ともにいろいろな仕事をしてきた。私とはいくつかの場面で対立もしたが、彼が逃げるか間違うかのどちらかで終わっていたと記憶している。

彼は私から見れば非常に古いタイプ、はっきり言って終わったタイプの官僚だ。経産省に多いのだが、その中でも非常に極端な方で、とにかく元気でエネルギーが溢《あふ》れていた。一方で非常に人を食ったような、上から目線の感じもあるものの、パワハラと言われるほど後輩に厳しいという話は聞かなかった。彼の明るいノリのなせる業だろう。

今井氏の最大の問題は、官僚が一番偉いと考え、民間人を馬鹿にするという基本哲学を持っていることだ。「民間経営者は馬鹿だから、俺たちが指導してやらなければダメだ」という、古い経産省のＤＮＡの塊のような考え方をする。そのため、民間企業の活動に直接影響を与えるような政策、補助金、カルテル、租税特別措置などを組み合わせて法律上の経産省の権限を作り、企業に計画を出させて経産省が審査する、という仕組みが大好きだった。これは彼だけでなく、経産省の伝統芸と言った方が良いかもしれない。

一方の私は、経産省の先を行くような起業家たちが活動しやすいようなルールを作ったり、これまでにはなかった新たな問題から国民を守ったりする仕事を中心的業務とすべきだという立場だった。今井氏も私も、経済産業政策局という部局に属することが多かったため、意見が異なる場面がよくあった。

今井氏は自分の意見を通すために、まずはとことん主張をする。その際、思い切ったこと、面白いことを言う奴だという点を売りにする。そして「大胆で、勇気がある」というキャラで通していた。

上を説得するときなど、「局長、やって下さい。局長ならできます。できなきゃ男じゃないですよ」といった、体育会系のノリと勢いで進めていくタイプであった。上をうまく使って、自分のやりたいことをやらせるのだ。

緻密な論理で説得していくというタイプではなく、「こんなもの通るわけがないだろう」ということを、強引にやりきろうとする。今井氏は私から見ると「でたらめ」だという印象だった。経産省のそうした体質が、実は日本の産業競争力を弱めることにつながったのだが、それは後に詳述したい。

今井氏は、安倍氏が官房長官の頃も、第1次政権のときも、秘書官を務めた。

そして安倍氏の持病の悪化で第1次安倍政権が終わったときには、意気消沈して塞《ふさ》ぎ込む安倍氏を誘い、一緒に温泉に行ったり、高尾山《たかおさん》に登ったりして精神的にサポートしたことは私も同行者の一人から聞いたが、今や有名な話だ。ちなみに第1次安倍政権で内閣広報官を務めた長谷川氏も安倍氏のどん底の時代を支えてきた「チーム安倍」の一人だ。彼らの絆《きずな》は、圧倒的に強い。

第2次安倍政権発足に伴い、安倍氏は資源エネルギー庁次長に出世していた今井氏に対し、三度目となる秘書官就任を依頼した。安倍氏がどれだけ彼を信頼していたかがわかる。

このように安倍氏と密接な今井秘書官が「これは安倍総理のご意向です」と言う場合、他の秘書官とは言葉の重みがまるで違う。今井氏が「これは安倍総理のご意向です」と言ったら、絶対そうなのだ、と受け取られるだけの力を今井氏は持った。

元々「上を使って自分のやりたいことをやらせるタイプ」と書いたが、総理を使って自分のやりたい政策を実現するのだから、自己実現の究極の形である。

第2次安倍政権における今井氏は、消費税率を8％から10％に引き上げる際の、二度の先送り（15年10月、17年4月）で中心的な役割を果たした。

中国の経済圏構想「一帯一路」をめぐり、当初は対決姿勢に近かった政権をかなり中立的な姿勢に転じさせたのも、今井氏とされ、私がある国の在日大使館の公使から聞いたところでは、中国大使も今井氏を頼っていたという話だ。

ロシアとの北方領土返還交渉にも深く関わった。19年9月の内閣改造で、今井氏は総理秘書官に加えて総理補佐官も兼務し、北村滋氏は内閣情報官から国家安全保障局長となる。「日ロを含む外交問題は今井、北村のコンビで進める」体制となり、「二島返還」を目指した。しかし結局、返還交渉は暗礁に乗り上げたまま、安倍政権は終わった。その間、日ロ共同経済事業などのロシアに対するバラマキだけは行われ、国民から見れば、無駄金を使って成果ゼロという、死屍《しし》累々の安倍政権の外交失敗の象徴的な事例となっている。

新型コロナの第一波で、20年2月末、全国一斉休校を突如決めたのも今井氏の案とされるが、この一件についても書いておくべき話がある。

当時、「桜を見る会」事件に注目が集まっていた。しかも、その件の捜査を止めようという思惑で、政権の守護神である黒川弘務《くろかわひろむ》東京高検検事長の定年を違法に延長したのだが、それが大炎上して安倍政権への風当たりは強く、検察も動かざるを得なくなるというほどの危機に陥った。国会会期は残り約4か月もあり、その間野党に攻め続けられては政権がもたない。

そこで官邸は、世論の関心を他にそらすための奇策に出た。それが、20年2月末の安倍総理による小中高校などへの一斉休校要請だった。当時の安倍氏の頭は「桜を見る会」と五輪開催問題でいっぱいで、コロナ対策は二の次なのだと思っていた私は、なぜこんな強攻策を突如打ち出したのか、と訝《いぶか》しんだが、実はこれは、安倍氏や今井氏が大好きなアメリカの政治ドラマによく出て来るシナリオだった。

その代表格、「ハウス・オブ・カード」では、大統領が個人的スキャンダルで追い詰められると、国民的大議論を呼ぶ政策を何の根回しもせずに突然発表する場面がある。与野党を巻き込み、世論を二分する大議論により、スキャンダルへの関心は大きく減退するというシナリオだ。

安倍氏の休校要請はそれと全く同じ手口だ。安倍氏側近中の側近と言われる萩生田光一文科相でさえ、一斉休校には強く反対した。野党や国民の間からも強い批判が出て大騒ぎとなったのも思惑通り。翌日以降、桜を見る会に関する報道も国会質問も激減。「大成功」だった。こんな大博打《おおばくち》に出たのは何故か。それは、桜を見る会に関して「安倍氏はクロ」であると追い詰められていたからだとしか思えない。

それにしても、今井氏と安倍氏は、相当な博打好きなのだろう。世の中では、この政策をコロナ対策の失敗の中の一コマとしてとらえる向きもあるが、この時の賭《か》けは見事に成功したというのが私の見方である。

今井氏はこのように、霞が関はもちろん、安倍側近の閣僚さえも寄せ付けない圧倒的な力で、官邸に君臨していたのである。

3―2　安倍氏の「モリカケ」疑惑と官僚の「忖度」

森友事件最大の問題は公文書改ざんではない

２０１７年、森友学園問題、加計学園問題が、安倍総理の疑惑として大問題となった。この両事件については、膨大な報道や評論がされているので、本書では、これらと同じことをするのではなく、官僚たちが現場でどんな心理で行動したのかをリアルに「想像」しながら、官邸官僚とそれを取り巻く各省庁の官僚がとった行動原理を解き明かしてみたい。

２０１６年6月、学校法人「森友学園」に大阪府豊中《とよなか》市の国有地が払い下げられた。不動産鑑定士が出した土地の評価額は9億５６００万円だったが、近畿財務局が出した払い下げ価格は「約8億円引き」の1億３４００万円。この驚きの値引きは、森友学園の籠池《かごいけ》泰典《やすのり》理事長（当時）が近畿財務局との交渉時、安倍昭恵《あきえ》総理夫人（当時）との交流を強調したことで、近畿財務局の官僚が総理夫妻の意向を「忖度《そんたく》」した結果ではないか、という疑惑に発展した。

17年2月に発覚したこの問題が国会で追及されると、安倍総理は「私や妻が関係していたら、総理大臣も国会議員も辞める」と答弁。安倍氏の意向を「忖度」した、財務省の佐《さ》川宣寿《がわのぶひさ》理財局長（当時）は、国有地払い下げの経緯を記した公文書から、総理や昭恵夫人の関与が疑われる記述を削除する「公文書改ざん」を行うよう指示をした。この問題は、18年3月2日に朝日新聞によるスクープで発覚。3月7日には近畿財務局の現場で改ざんを無理矢理実行させられた職員・赤木《あかぎ》俊夫《としお》氏が自殺するという痛ましい出来事が起きた。

今井秘書官は何と言ったのか、佐川氏は何を考えたか

一つ目の忖度、すなわち近畿財務局が国有地の大幅値引きをした件に、官邸官僚の今井氏が関与していた可能性が高いと私は見ている。

今井氏が長年務めた政務の総理秘書官は、総理の家族の面倒を見る役割も担う。つまり今井氏は、安倍昭恵夫人の担当でもある。

30年に及んだ私の官僚人生で得た「官僚の心理学」を基に、森友問題を推理すると、籠

池理事長から昭恵夫人とのツーショット写真などを見せられた近畿財務局は、すぐ財務省理財局に「これは昭恵さん案件です」、「値引きは難しいのですが、どうしましょうか」などとお伺いを立てたはずだ。

財務省の理財局長は当時、迫田《さこた》英典《ひでのり》氏だった。彼も写真を見せられただけでは判断できない。総理夫人が総理の支援者と撮ったツーショットなど巷にあふれている。したがって、夫人サイドに確認をする必要がある。

その確認先はもちろん、安倍総理の家族を担当する今井秘書官だ。昭恵夫人の秘書として内閣官房に勤めていた、谷査恵子《たにさえこ》氏（経産省からの出向者）は今井氏の部下に当たる。そもそも夫人秘書に経産省の職員を当てたこと自体、今井氏の差配である可能性が高い。

理財局長から値引きすべきかどうか聞かれた今井秘書官は、安倍総理か昭恵夫人の意向を確認しているはずだ。そこで夫妻のいずれかが、「森友学園はいい教育をしているところだから、（無理はしなくて良いが、）助けられるんだったら助けてやってほしい」などと言った可能性は十分にある。

その後は逆ルートで「できることなら、何とかしてやってもらいたい」などと近畿財務局まで話が下りていく。官僚の処世術としてここで大事なのは、自分が責任を取らなくていいように「無理はせずにできる範囲でやってください」などと言い添えながら、昭恵夫人が関わっているから、そこを「忖度」して欲しいということをそれとなく伝える、ということだ。

それを受けて近畿財務局では、総理夫妻の意向を「忖度」し、「法律違反にならないギリギリのところで、国有地を安く売るためにはどうしようか」といろいろと悪知恵を働かせ、実行していくのだ。

その過程で、理財局の管理官と、昭恵夫人秘書の谷査恵子氏が文書でのやり取りをしていたことがわかっている。だが、これは官僚の常識からは、絶対に起こり得ないことだ。

なぜなら第一に、霞が関には、財務省は他省庁よりも格上だという不文律がある。省庁間で問題を調整するとき、財務省は各省庁に何かといえば文書を出させて証拠を残す。しかしその逆は極めてまれであり、格上の財務省が格下の他省庁に対して、自分を縛る証拠となるような文書を出すことは、ほぼない。すべて口頭でやり取りをするのが普通だ。第二に官僚間では、キャリアとノンキャリアの間には厳然とした階層があり、キャリアの管理官とノンキャリの谷氏が対等に交渉するということは起こり得ない。第三に、霞が関には、キャリア同士やノンキャリ同士といった間柄でも、入省年次が1年下なら虫けら同然の扱いをされる、といった古い年功序列の体質も残っている。

これらを合わせて考えると、格下の「経産省」出身の「ノンキャリア」の「年次も若い」「課長補佐クラス」の谷査恵子氏に、「財務省」の「キャリア」の「年次が上の」「管理職」が丁寧に文書で証拠を残しながら回答するというのは、異例中の異例。すなわちこれが「昭恵夫人案件」だったことの証左なのだ。

こうした疑惑が存在する中で、後任の理財局長となった佐川氏は、個人の立場としては、最初の段階で責任放棄した方がよかった。特に迫田前局長は、たまたま佐川氏と同期だった。先輩のやったことを「間違いだった」とはなかなかできないが、同期ならハードルは低い。

一方、国有地を安く売ったのは自身の所属する財務省理財局であり、組織としての責任を局長として引き継いだということも、彼は同時に認識したはずだ。

佐川氏と今井秘書官は、省は違うが82年入省の同期だ。佐川氏は経産省に出向経験もあり、かつ主計局の主査をやっていた時に経産省の予算を担当していた。今井氏は経産省の大臣官房総務課の課長補佐も務め、予算や重要政策の関連で佐川氏との付き合いは深い。親友とはいかないまでも、いくらでも自由に話ができたはずである。ただし、今井秘書官は迫田氏にも佐川氏にも、疑惑に関して責任を負うような言質を与えてはいなかっただろう。それは、官邸官僚としての最低限のリスク管理の方法だ。

迫田氏から安倍案件を引き継いだ佐川氏には、総理や総理夫人の意向を無視して正義を求めるという道も、論理的には存在した。国民のために働く官僚としては、そちらの道を選ぶべきだった。

しかし、森友学園との契約を破棄すれば財務省の責任を問われ、その理由を詮索《せんさく》されれば、政権にも影響が及ぶ。もちろん、佐川氏自身も安倍総理の怒りを買い、報復される可能性は極めて高い。そんなことをするよりも、安倍氏を守って恩を売り、出世した方がいい、と考えるのはむしろ自然かもしれない。

そのため、不当安売りに気付いた最初の段階で、不正に目をつぶってしまった。そして、一度悪の道に足を踏み入れたら、最後まで嘘はつき通さなければならない。つまり、総理夫妻への「忖度」と自身の「保身」という二つの目的で、佐川氏は公文書改ざんにまで突き進んで行ったのだ。

この問題は、最後は朝日新聞がスクープするに至ったものの、財務省の何十人もの人間が関わっているのになかなか情報が洩《も》れなかった。財務省は元々鉄の結束を誇る集団ではあるが、途中段階はもとより、朝日のスクープ後も、さらには赤木俊夫氏の自殺後でさえ誰一人口を割らなかったのは驚きだ。だが、関係者全員が良心のかけらもない人間だったというわけではない。安倍政権の官僚支配が、異常なまでに強固だったため、全員が佐川氏同様、安倍政権の報復を恐れて声を上げることができなかったと私は見ている。

加計学園事件が贈収賄だと言える訳

一方の加計学園問題は、２０１７年1月、学校法人「加計学園」が愛媛県今治《いまばり》市に「岡山理科大学獣医学部」を新設することが認められたことに端を発する。加計学園が国家戦略特区の事業者に選定され、52年間どこの大学にも認められていなかった獣医学部を新設することになったのだが、加計学園の加計孝太郎《こうたろう》理事長は安倍総理の「長年の友」であり、「特別の便宜」が図られたのではないかという疑惑が浮上した。

首相や政府は関与を否定したが、愛媛県職員が作成した備忘録には、15年4月頃「柳瀬《やなせ》唯夫《ただお》首相秘書官（当時）と面会し『本件は首相案件』と言われた」などと記されていた。

さらにその後、愛媛県が国会に提出した文書には、首相が15年2月に加計氏から獣医学部構想を聞き、「いいね」と言ったとも書かれていた。首相は直後に、この話を否定した。

加計問題は、贈収賄の問題だ、と私は当初から見ていた。

加計理事長は「(安倍さんと付き合うのには)おカネがかかるんだよな」「年間1億くらい出しているんだよ」などと語っていたと複数の週刊誌に報じられている。加計理事長と安倍氏、安倍氏の秘書官らは、一緒にゴルフへ行ったり、焼肉を食べに行ったりしていた。

これについて安倍氏は国会で、「奢《おご》ったり奢られたりしている」と答えたが、ポイントは割り勘ではないということだ。たまに安倍氏も奢るものの、大半は奢られていたということであれば、数百万円単位で奢られていても不思議ではない。だからこそ、加計氏は「金がかかる」と言ったのであろう。

これが贈収賄になるかどうかは、総理が「自分が持っている具体的な職務権限との関係を認識した上で接待を受けていたかどうか」が焦点となる。なぜなら贈収賄罪は、特定の案件の依頼を具体的に受けたかどうかは関係なく、また行政を実際に歪《ゆが》めたかどうかとも関係なく成立するからだ。職務権限があり、その権限との関係を認識して賄賂《わいろ》が授受されたかどうかが問題となる。それに加えて具体的な案件の要請をしたり、結果として行政を歪めたりすれば、さらに罪が一段重くなるのだ。

ちなみに日本の内閣総理大臣がめったに贈収賄で捕まらないのは、金銭のやり取りと

「職務権限」とのつながりがなかなか証明できないからである。内閣総理大臣は国のトップなので、間接的に言えば様々な権限を持っている。しかし、総理大臣の贈収賄が成立するには、間接的に権限があったというだけでは足りない。そんなことを言っていたら、政治献金を受け取ったら、おおかた贈収賄ということになってしまう。したがって実際には、この大臣にこうしろと指示をした、といった証拠が出てこない限り、贈収賄の立証はできないのが普通なのだ。

ところが、加計氏が獣医学部新設のために手を挙げていた国家戦略特区は、総理大臣が担当大臣として直接の法律上の権限を持っている数少ない例である。したがって、国家戦略特区で加計学園が獣医学部新設の申請をしていたことを総理が知っていれば、それとの関連で加計氏が接待し、安倍氏もそれを認識して接待を受けていた可能性が出てくる。贈収賄が成立する可能性があるわけだ。

しかも贈収賄となると、疑いがあるだけで由々しき問題だ。民間の団体などに告発されれば検察に調べられる可能性もある。

そこで絶対に贈収賄の議論が出ないようにしたいと考え、安倍総理は一切知らなかったという「嘘」をつくことにした。「加計学園が国家戦略特区事業者になるかどうか議論されているなんて、17年1月に加計学園が選定されるまで、一切知らなかった」となれば、いくら加計氏に奢ってもらっていても、贈収賄にはならないのである。

その結果、総理秘書官の柳瀬唯夫氏も嘘をつく羽目になった。柳瀬氏は15年4月頃に官邸で、陳情に来た愛媛県地域政策課長、今治市企画課長、加計学園事務局長らと会談したが、17年7月、国会で「お会いした記憶はございません」と「嘘」の答弁をしたのである。なお柳瀬氏はその後、18年5月の国会に参考人として招致され、会談を認めている。

柳瀬氏が当初、嘘をついたのは、加計学園の関係者はもちろんのこと、愛媛県や今治市などの国家戦略特区関係者と、多忙な総理秘書官とがわざわざ会っていたとなれば、それは「総理案件」だからだと周囲にわかってしまうからだ。総理の贈収賄の話題になるのを阻止するために、「そもそも会った記憶もない」などと言ってしまったのである。

本来は柳瀬氏に嘘など必要なく、全部認めるべきだった。総理に後ろめたいことがあろうがなかろうが、柳瀬氏は「加計学園の人が陳情に来ました。私がお会いしました。しかし悪いことは一切していません」と言えばよかっただけの話である。

「総理のご意向文書」なども、官僚の世界ではよくあることだ。例えば官僚が、政策に反対する役所を説得するときには、「総理だって所信表明でこれをやるって言ったじゃないですか。やってもらわないと困りますよ」などと言うものである。柳瀬氏は、「規制改革は安倍総理が日頃から言ってた案件ですからね。規制改革なら何でも総理案件ですよ。それだけのことで、特別な意味はありませんよ」とでも言えば済む話なのだ。

柳瀬氏は安倍氏の意向を忖度したのはもちろん、「知らないと言っている総理の足を少しでも引っ張ると、大変な目に遭う」などと怖れ、辻褄《つじつま》合わせの嘘を重ねなければならなくなったのだろう。その結果、マスコミに一斉批判される事態に陥ったのである。

柳瀬氏は15年8月から、経産省事務次官に最も近いと言われるポスト「経済産業政策局長」に就いていた。84年に旧通産省に入省し、絵に描いたようなエリートコースを歩んできた人物である。私は彼の4年先輩なのだが、議論が直球派で裏表のない、好印象な後輩だった。しかし17年5月に加計問題が浮上し、17年7月から次官級の経済産業審議官に異動、18年7月に退官した。

柳瀬氏は安倍総理を守り抜いたのに、何の見返りも得られなかったのかと思っていた方も多いだろう。しかし経産省の元同僚たちに聞くと、「柳瀬は社外取締役として引く手あまたらしいぞ」と噂されていた。

社外取締役として天下りすると、月1日程度の仕事で、年五百万から一千万円超の報酬が得られる。三つほど掛け持ちすれば、毎年二〜三千万円稼げるのだ。

結局柳瀬氏は、19年2月にNTTグループの社外取締役に天下りし、さらに20年6月、NTT本社の執行役員兼事業企画室長と同社の国際持株会社の副社長を兼務し、忖度の見返りを、しっかり得たのである。

ちなみにこのNTTポストに柳瀬氏を抜擢《ばってき》したのは、総務省の谷脇康彦《たにわきやすひこ》総務審議官（当時）を高額接待した件で21年3月に国会に参考人招致された、NTT社長の澤田純《さわだじゅん》氏である。菅総理と総務省・NTT、そしてそのNTTと安倍元総理の秘書官という連鎖を見せられると、関係者が皆「たまたまです」と口をそろえても、「闇の世界」でつながっていると誰もが考えてしまうだろう。

森友——忖度の報酬は？

忖度の結果、見返りを得ているのは、森友学園問題における財務省関係者も同じだ。皆、忖度の「論功行賞」として栄転し、問題が発覚して処分を受けた後に出世した者さえいる。

近畿財務局の森友問題担当部局の職員で、自殺した赤木俊夫氏は、手記の中で〈刑事罰、懲戒処分を受けるべき者〉として〈佐川理財局長、当時の理財局次長、中村総務課長、企画課長、田村国有財産審理室長ほか幹部　担当窓口の杉田補佐（悪い事をぬけぬけとやることができる役人失格の職員）〉と具体的に列挙している。

しかし彼らは全員が不起訴に終わった。人事においても、佐川宣寿理財局長（肩書は処分前当時、以下同）は17年7月に国税庁長官に栄転。中尾睦《なかおむつみ》理財局次長は19年に横浜《よこはま》税関長へ、中村稔《なかむらみのる》理財局総務課長が19年に駐英公使、冨安泰一郎《とみやすたいいちろう》理財局国有財産企画課長が20年に内閣審議官と、18年の処分後は、何もなかったかのように順調な出世を遂げている。

赤木さんの上司であり、赤木さんの手記によると部下から改ざんの報告を受けていたとされる美並義人《みなみよしと》近畿財務局長も、19年に東京国税局長へと栄転している。

問題発覚後、関係者はそれぞれ処分は受けたが、犯罪行為をやったのに比べれば、皆、一時的な軽い処分で済んでしまった。

佐川氏は、栄転後の18年3月2日に公文書改ざん問題が発覚し、赤木さんの自殺（同月7日死去）が報じられた9日に国税庁長官を辞職したものの、これは夏の退官が春に早まったという程度に過ぎない。ただし、その後の消息は聞こえてこない。さすがに良心の呵《か》責《しゃく》に耐えきれなかったのだろうか。「忖度の報酬」を完全に貰い切れていないのか、それとも、人知れず美味《おい》しい生活を送っているのか。私は、後者のような気がするのだが。

安倍昭恵夫人付きの秘書だった経産省の谷査恵子氏も、ノンキャリアの官僚でありながら、17年8月に在イタリア大使館の1等書記官へと破格の栄転をし、20年夏には帰国して、経産省で産業技術環境局国際室筆頭課長補佐となった。ノンキャリア官僚としては出世である。

私は、21年4月に赤木氏の夫人、雅子《まさこ》さんに会った。3月7日の赤木さんの命日に、墓参に訪れた元同僚はなく、何らかの連絡をくれた人もいなかったと、寂しそうに語る雅子さんが気の毒でならなかった。すべてを闇の中に葬ろうとする安倍・菅政権。こんなことが許されて良いのだろうか。

官僚の三類型——消防士型は絶滅危惧種

私はかねて官僚たちを、3つのタイプに分類している。

公務員の鑑《かがみ》である「消防士型」は、私心なく国民のために働き、高額の給与も大きな権力も望まない。国民に感謝されればそれで十分という人たち。最近は絶滅危惧《きぐ》種になってしまった。一方、ただ安定した生活と着実な昇給、そして天下りが保証されていれば贅沢《ぜいたく》は言わないという「凡人型」のキャリア官僚もいる。

そして、最後が「中央エリート官僚型」だ。彼らの多くは、幼少期から周囲に褒められて育った秀才だ。受験勉強を勝ち抜き東大に入って「すごい！」と褒められ、法学部などで優秀な成績を収め、財務省や経済産業省などの一流官庁に入って「エリート」と呼ばれる。若い頃から民間人に頭を下げさせ、各界のお偉方と肩書だけで付き合える。そうした生活を続けるうちに、日々「俺はやっぱり偉い」と感じることが生きがいとなっていくタイプだ。自分たちが一番頭が良い、一番偉いと思っている。安月給で夜中まで働いてやっているのに、馬鹿な国民とマスコミは何かと自分たちを叩《たた》きに来る。こんな仕事を我慢して国のためにやっているのだから、退職後に天下りで贅沢な生活を保証されるのは当然だ、と思っている。究極の上から目線の連中である。

実は官邸官僚は、俺が総理を動かしている＝俺が日本を動かしている＝俺が一番偉い、ということを日々実感できるポストだ。中央エリート官僚型の最高の究極の形が官邸官僚だと考えることもできる。

ただし総理に最も近い官邸官僚になったとしても、総理が非常に優秀で、官僚は命令されて動くだけということでは、完全に満足はできない。自分が総理を動かしているのではなく、総理に自分が使われているからだ。

その意味で、安倍氏のように全く能力がない人が総理になった場合、官邸官僚の満足感はマックスとなる。自分の言うことを何でも聞いてくれ、自分が総理を操っているという気持ちになれる。

彼らは金銭よりも、この万能感を重視する。総理秘書官の年収は2000万円程度、総理補佐官になると2300万円程度なので、もちろん官邸官僚も世間的には高給取りなのだが、大企業の社長などよりははるかに安い。それでも「自分が総理を動かして日本を牛耳っている」という自己実現感、俺ってやっぱり偉いんだという優越感。これがもうたまらなく嬉しく、幸せなのである。給料よりも、そちらの方が得難い報酬になるということだ。

そんな官邸官僚たちにとって大事なことは、「国民のために働くこと」ではない。政策の中身は二の次。彼らにとっては、自分たちの権力の源泉である総理が「総理であり続けること」がすべてなのだ。

総理が総理でなくなれば、自己実現も優越感も幻と消えるからである。

一方で官邸官僚の中には、出身省庁の事務次官争いという出世レースには勝ち残れず

「挫折《ざせつ》」を経験しながら、官邸官僚という別の形で出世した者もいる。そのような場合には第1章の北村氏のところでも触れたが、それぞれが古巣の省庁に対するルサンチマンを持っているのだろう。だからこそ、官僚人事を掌握しようとしたり、事務次官級の人物を威圧したりするなどの「わかりやすい」振る舞いをするという、屈折した一面があるのかもしれない。

ちなみに、今井氏もそうした官僚の一人だという評価をする向きもあるが、私はそうは見ていない。彼は、ある段階で経産省はつまらない役所だと、自ら見切りをつけたのではないか。安倍官房長官の秘書官、第1次安倍政権での総理秘書官の経験を通じて、彼にとって経産省よりもはるかに面白い働き場所として、第2次安倍政権でも総理秘書官を続けたのだと思う。現に、最近の経産省の次官で、国政になにがしかの影響を与えた者は皆無だ。私も経産省にいた時、次官になるのは何とも格好の悪い話だと思っていたくらいだ。次官になるためにやりたいことを抑え、周りに気を遣ってなったとしても、大したことはできない。だったら総理を動かして、経産省次官ではとてもできないことをやってみよう。今井氏がそう考えるのは、おかしなことではないだろう。

赤木俊夫さんは消防士型の「強い官僚」

前述したとおり、今や絶滅危惧種となってしまった「消防士型」官僚。森友問題に巻き込まれ、自殺をした近畿財務局の赤木俊夫さんは、まさしくこの消防士型官僚だった。

２０１８年3月7日、近畿財務局の職員だった赤木氏は自ら命を絶った。赤木氏は、森友学園への国有地売却の決裁文書を改ざんさせられた。

17年2月の国会で、安倍氏は不当安値販売疑惑について、「私や妻が関係したということになれば、総理大臣も国会議員も辞める」と答弁していた。だが、国有地売却契約の決裁文書には、安倍氏夫人の昭恵氏の関与を示す記述があった。この文書が表に出れば安倍総理の命取りになる。そこで佐川宣寿財務省理財局長（当時）の指示で、決裁文書の改ざんが行われた。ところがその約1年後、朝日新聞のスクープでこの改ざんの事実が暴露されたのだ。

報道では、不正に手を染めさせられた赤木氏が、その精神的な「弱さ」ゆえに自責の念にかられ、うつ病になり自殺したという解説がなされた。

しかし、本当は、赤木さんは「強い」人だったと私は考えている。

まず、赤木さんは、同じマンションの住人に「私の雇用主は日本国民なんですよ。その日本国民のために仕事ができる国家公務員に誇りを持っています」と話していたそうだ（『私は真実が知りたい』赤木雅子・相澤冬樹《あいざわふゆき》（文藝春秋））。日常的に近所の人にそう話せるくらい、「国民のために」という信念は、彼の心の底に強く根付いていたのだ。

その赤木さんは、上司に向かって泣きながら「改ざんなんてやめてください」と抗議した。財務省が一丸となって公文書改ざんに突き進む中でのたった一人の反乱である。

財務省で上の命令に反することがいかに難しいか、官僚時代に財務省と深く付き合った経験のある私には、よくわかる。鉄の規律を誇る財務省で組織に歯向かえば、左遷どころか村八分になり職場にいられなくなる。辞職しても、財務省を敵にした人間を採用する企業はない。税務署が敵になるからだ。つまり、赤木氏の強い抗議は、自分の人生を賭けたのと同じだ。しかも政権の存立がかかった事案だから、財務省中枢から見れば、赤木さんの罪は「国家叛逆罪《はんぎゃくざい》」に値するとでもみなされたであろう。

改ざんの後、関わった職員らは隠蔽《いんぺい》を続け、検察の取り調べにも口裏合わせで逃げ切った。仮に罪悪感に苛《さいな》まれたとしても、家族と自分の身を守るためにはそれしかないと考えるのが、普通の「弱い人間」の行動だ。

しかし、正義感の強い赤木氏は違った。自分の関与を含め、経緯を克明に記したファイルを残し、それを検察に渡したのだ。自己が罪に問われることも覚悟していたことになる。他の人にはできない勇気ある懺悔《ざんげ》と告発であった。

だが、財務省と検察は、赤木氏一人に罪を被《かぶ》せて幕引きすることを企んだようだ。検察の事情聴取を受けた赤木氏はその陰謀に気付いた。赤木氏は、財務省という組織の怖さを良く知る現役職員だからこそ、この先の展開も予測できた。すなわち、同僚・上司が「赤木が主犯だ」と揃って証言し、赤木氏の証言は「精神を病んだ者の妄言」として退けられる、そんな光景を思い浮かべた赤木氏が、自殺直前の彼の走り書きのメモに残したのが、「最後は下部がしっぽを切られる」という言葉だった。

赤木氏が戦う相手は、財務省だけではなかった。検察も、さらに言えば、安倍政権という国家権力を敵に回してたった一人で戦うのだ。それに気付いた赤木さんは絶望の淵《ふち》に立たされた。精神的・肉体的にどん底状態にあった赤木さんに残された手段。

それが、死をもっての告発だ。そこまでやれば、「赤木ファイル」の存在が世に知れ渡り、同僚の中にも真実を語る人が出るかもしれない。赤木さんは、そこに一縷《いちる》の望みをかけたのだ。

命がけで正義を通し、自らの責任とともに真実を明らかにしようとした赤木さんの勇気。

彼は、真に「強い」公務員だった。逆に、他の財務官僚は心の弱い人たちだったのだ。

ちなみに消防士型の官僚は、官邸官僚には向かない。特に昨今のように、政権が嘘をつき、国民を裏切ることに何の良心の呵責も感じず、「捕まらなければ良い」という倫理観に支配されている状況では、消防士型の官僚は、日々上司と衝突することになる。官邸官僚を選ぶ基準は、「国民のために働けるかどうか」ではない、「政権のために働けるか」「政権のために使えるか」だけである。だから、真面目で正義感が強く、おかしいことはおかしいとちゃんと言えるという官僚が、官邸に派遣されることは、そもそも起きるはずはない。こうして、官邸の不正は、永遠に闇の中という状況が続くのである。

官僚は何故辞められないのか？

中央エリート官僚型が大きな問題であることは先に述べたとおりだが、一方で、官僚の中で多数派を占める「凡人型」の存在も実は、重大な問題である。彼らは、公務員は雇用が安定していて食いっぱぐれないから、という動機で入省した人たちだ。「長いものには巻かれろ」気質のこのタイプは、上から「忖度しろ」と言われれば、何の迷いもなく忖度する。森友でも加計でも、こうした官僚らの「忖度」が大きな問題として露呈した。

なぜ凡人型官僚は、やすやすと忖度をしてしまうのか。

もちろん、嫌々忖度をする人、疑問を持ちながら忖度する人もいるだろう。政治家が追及をはぐらかすための国会答弁を、毎日のように書かされながら、ばかばかしいと思っている官僚もいるはずだ。

ただし問題なのが、だからといって正しい道を選ぶ、勇気のある「消防士型」官僚は結局ほとんどいない、ということだ。たまに政権に逆らう人が出てくると、あっという間に左遷されたり退職させられたりする。逆らう人が大量にいれば、上も対応に追われるが、少数だからこそつまみ出す手間は一瞬で終わる。その状況を目の当たりにした凡人型官僚たちは、「やっぱり自分は消防士型にはなりたくない」と考え、さらに消防士型は減っていくという悪循環に陥っているのだ。

一方で黙って言うことを聞き、不正があっても「わかりました、絶対隠し通します」などと言えば、これまで通りの平穏な日常が送れる上に、あわよくば出世もできる。そう考えると、正義を通し、不正を告発するのは、どう考えても割に合わない。結局役所にいる限り、周りの皆と同じように、忖度せざるを得なくなるのである。

と、ここまで書くと、そんな職場に何十年もいるくらいなら、さっさと辞めた方がいいのでは、と思う人もいるだろう。

そもそも官僚は優秀だから中央省庁に入ったのではないのか、それなら官僚を辞めても、民間企業で良い仕事が見つかるのではないのか、と思う。だが、それは30代くらいまでの比較的若い官僚には当てはまるが、中堅から幹部になると、ことはそう簡単ではない。官僚の優秀さとは、大学を出て公務員試験に受かる頃、試験に強かったという意味での「優秀さ」である。実際に仕事ができるかどうかとは関係ない。入省してから20年も役所の中で特殊な文化に染まり、役所の利益だけを考えて仕事をしてきた人間は、はっきり言って民間基準では「使えない」人材になっている。だから民間に転職しようとすれば、官僚として保証されてきた比較的恵まれた給与水準を維持することが、非常に難しい。しかも、退職後も保証される天下りによる悠々自適の生活も同時に失う。これは、重大な損失だ。

さらに、役所と対立して退職すると何が待っているか。職場を裏切ったのだから、退職後に霞が関から嫌がらせを受ける可能性が高い。それはどんな形で顕在化するかはわからないが、その退職した官僚が関わる仕事で、何らかの役所の関与がある場合、様々な不利益を被る恐れがある。民間企業、特に一流企業ほど、それが単なる「可能性」であっても、そんなリスクのある元官僚は雇わない。これでは辞めたくても辞められないわけだ。

もし官僚の中に、いつでも役所を辞められる人がかなりの数いたら、どうなるか。不正を働こうとする同僚がいれば、それを止めるだろう。それでも不正を止めなければ、上司に止めるように進言する。その上司も不正を止めなければ、内部告発やマスコミへのリークなどで、何とか不正を止めようとするだろう。その結果村八分になり、組織にいられなくなっても、役所を辞めてしまえば良い。

つまり、「辞められる」官僚を増やすことが、今の霞が関に蔓延《まんえん》する「忖度」を一掃することにつながるのだ。その方法については、あらためて第8章で提案することにしよう。

第4章　マスコミ支配

4―1 「マスコミ支配」暗黒の構造

安倍・菅・今井のマスコミ支配三層構造

本章では、安倍政権の四つの負のレガシーの一つ「マスコミ支配」について見て行こう。

第2次安倍政権では、安倍総理、菅官房長官、今井総理秘書官兼総理補佐官（肩書は当時）の三層構造のパッケージで、効率よく徹底してマスコミ支配が進められていった。このマスコミ支配の基本構造は、菅政権下においても引き継がれている。

政権がマスコミに干渉するのは、実は特に珍しいことではない。例えば私が民主党政権時にテレビ朝日「報道ステーション」に出演し、政権批判をしていると、番組の最中に当時の官房長官、仙谷由人氏からプロデューサーにクレームの電話が入ることもあった。しかし当時は、プロデューサーがその場で反論して終わった。クレームも、個々の報道内容を自分たちに都合の良いものにしたいという目的でなされていたに過ぎない。

しかし第2次安倍政権は、個別のニュースへの介入にとどまらずマスコミ全体を自らの支配下に置く目的で干渉して来た。そのやり方は、三層構造だ。個々の新聞記事やテレビ番組は、内調や今井氏ら総理秘書官、菅氏子飼いの官房長官秘書官らが監視し、問題があれば即クレームの電話を入れる。その上でコメンテーターやコラムニストなどの有識者は菅氏、マスコミ各社のトップは安倍氏が押さえるという形の「三層構造」でマスコミ支配を完成させたのである。

日本のマスコミには弱点がある。一番大きな弱点は、記者クラブに頼らなければならないことだ。入社当初から記者クラブを通じた取材ばかりしていた記者たちは、調査報道の実力が全く足りず、何を取材して記事にすればいいのか、ネタさえ思いつかない。

一方、記者クラブにいれば、何もしなくても役所など取材先がネタをくれて、それを右から左に記事にするだけで仕事をしたことになる。各社のスタンスにより多少の違いはあるが、日本の新聞やテレビの報道のテーマはほとんど同じだ。それもほぼ「発表もの」か、取材先がわざと流して世論の反応を見るための観測気球。あとは、事故や事件などになる。

彼らは、昼間は記者クラブに机を並べているので、他社の様子も良くわかり安心だ。だが夜になると、翌日の朝刊で自社だけがニュースに気付かず「特落ち」になる悪夢が頭をよぎる。だから、常に取材先に密着していないと不安だ。そこで毎晩取材先との飲み会や夜回りをしているのだ。

取材される側もそこをよくわきまえていて、批判的な記事を書く記者にはあまり情報を与えず、従順な記者には時々、発表もののニュースを1日早く教えて「特ダネ」という手柄を与える。飼い慣らされた記者たちは取材先に嫌われることをとにかく避ける。相手が嫌がることは記者会見では聞かず、オフレコでそっと聞いてみるというのは典型的な姿勢だ。そんな彼らから見ると、記者クラブと取材先との癒着《ゆちゃく》こそが生きる道なのだ。

日本の大手メディアの記者たちのもう一つの大きな特色は、皆ジャーナリストである前に、一企業のサラリーマンであるということだ。その身分を失うと記者クラブにいられなくなるし、さらには給料も大幅に下がる。問題を起こさず会社に奉仕すれば、そのうち役員になれたり、現場を離れた後、子会社や関連団体への「天下り」という報酬も得られる。彼らはそのため上司に従順になるのだ。

最近の若手記者らに関してはさらに、キャップ（各社の現場の記者のリーダーで記者クラブの管理者）が自分ではネタを思いつかない若手記者にネタを割り振るケースが増えて、その結果、若手がいいネタをもらうためにキャップに忠誠を尽くすなどということが起きていると、ある大手紙の編集委員が嘆いていた。驚くべき質の劣化だ。

第２次安倍政権は、そうしたマスコミの社内構造や記者の心理をよく理解し、体系的に圧力をかけていく作戦を採った。それまでの政権の、思いつきや、その場その場の見せしめみたいなやり方とは、全く異なる手法である。

籠絡されたテレビ局トップたちの愚かさ

メディアの三層構造を象徴するのが、安倍総理自身が、各大手メディアのトップらと積極的に会食をしていたことだ。そこではあえてメディアのご機嫌取りをするらしい。そうすることで一緒に国を動かす仲間だという意識を植え付けるのだ。すると、各社のトップ、特にテレビ局の上層部は本当に質が低く、「俺は権力の中枢に入った、俺の意見を安倍が聞いた」などと勘違いをする。中には、局内の会合で「アッ、安倍さんから電話だ」とわざわざ大きな声でその場の人々に告げながら、携帯を持って席を外すようなテレビ局会長もいる。その時の嬉《うれ》しそうな顔を見て、同席した社員からは「バカじゃないか」と苦言が出たという。

これだけでも噴飯ものだが、もっと悪いことがある。日本特有の現象であるが、トップが直接現場に「あからさまに」介入するのである。自局の報道番組が政権批判を繰り返すと、番組幹部やプロデューサーにそれを緩めるよう指示したり、それを償うために政権が喜ぶような企画を作らせたりするというのだから、開いた口がふさがらない。

社長らが安倍氏に屈服している、ないしは籠絡《ろうらく》されているので、現場のプロデューサーらは、政権と戦っても時間の無駄だからやめておこうとなってしまう。それが続くと「政権批判は避ける」雰囲気が広がり、政権批判をすること自体が奇異の目で見られるようになる。中には、自らトップに媚《こ》びて、政権擁護の姿勢を誇示するキャスターまで現れた。報道番組とは名ばかりだ。朝昼のワイドショーも、その質の低下は目を覆うばかり。ギャラが安く何の見識もないタレントを並べて、無意味なコメントをさせる。見ている方が恥ずかしくなるほどだが、まるで各局が質の低下を競い合うかのように、情報番組の堕落は止まらない。

昔はテレビ局員にもジャーナリストの気概があった。政権は監視・批判するものであり、政権に媚びている人は蔑《さげす》まれる「空気」があった。今は真逆の状況である。

有識者を「転向」させる官房長官の会食

菅氏は官房長官時代も総理就任後も、政治家以外の人たちとの会食を頻繁にしていることが話題となった。官房長官時代の会食は、かなりの部分がマスコミ関係者だったと言われる。安倍氏が社長なら菅氏が副社長なのかというとそうではなく、キャスターやコメンテーター、有名コラムニストなどの、いわゆる有識者と呼ばれるような人たちと絨毯《じゅうたん》爆撃のように会っていたようだ。

菅氏も安倍氏同様、とにかく下手に出る。「先生、いつも面白いお話を伺って勉強になります」などと言いながら、相手に気持ちよく話をさせるそうだ。

会食をした有識者たちはといえば、テレビ局上層部と同様に、官房長官と食事をするということ自体に驚き喜んで舞い上がってしまう人もいれば、逆に「俺のことをずっと見張っているのか、嫌だな」と警戒心を植え付けられる人もいる。

結果的に、会食した人はほとんどが「転向」したそうだ。戦前、共産主義者や社会主義者が、弾圧によってその思想を放棄することを「転向」と呼んだが、それと同じ状況だ。こうして、それまで政権批判をしていた人が、批判をやめる、あるいは批判の矛先が鈍るということになる。転向しなければ、やがてテレビ局に圧力がかかり、パージされる可能性があることを彼らはよく理解しているのだ。

ただし、露骨に政権に迎合する発言をすると、自分の信頼が落ちることも彼らは良くわきまえている。注意しているとよくわかるが、例えば新聞・雑誌・著作あるいはネットでは、結構政権を激しく批判している人も、テレビでは言葉を選ぶ。特に安倍とか菅という固有名詞は、絶対に出さないように気を付ける人が増えた。

ある官房長官秘書官が記者に語った話では、菅氏と会食をして「転向」をしなかった人物は、毎日新聞社出身で2016年3月までTBS「NEWS23」アンカーを務めていたジャーナリスト、故岸井《きしい》成格《しげただ》氏だけだったという。菅氏は逆に岸井氏に一目置いたそうだ。

岸井氏が亡くなる少し前に、私も菅氏との会食について本人から直接話を聞いた。岸井氏はマスコミ関係者らと、定期的に夜の勉強会を開いていた。ある日その会に行ったところ、メンバーでもない菅官房長官が「こんばんは」と座っていたのだそうだ。何で来たのかとも、帰れとも言えないため、岸井氏はいつも通りに話をした。菅氏は最後まで黙って聞き、会が終わると「ありがとうございました」とお礼を言って帰ったそうである。

いつもテレビで舌鋒《ぜっぽう》鋭く安倍批判をしている岸井氏に対し、菅氏が文句を言いに来たのかと思ったら、何も言わずに帰る。しかもそれが二度あった。そもそも誰が菅氏を呼んだのかもわからない。岸井氏は「薄気味悪いよな」と話していた。

ただし、そもそも官房長官から見て、こいつは絶対転向しそうにないなと思うような人には、声はかけなかったそうだ。食事に誘われたと大々的に言われたくないのだろう。

ちなみに私は、一度も食事に誘われたことはない。もしも誘われたら、こちらの主張や提案を話してみたかったのだが。

きめ細かく理屈っぽいメディアチェック

こうしたマスコミの上・中・下の三層構造で、現場に干渉し相当な影響力を及ぼしたのが、安倍政権における官邸官僚の今井秘書官だった。

彼は個別の報道内容について電話でクレームを入れた。例えば政権寄りとも言われるあるテレビ局の世論調査は、安倍政権の支持率が落ちるときの落ち幅が意外と大きい。すると今井氏から電話がかかってきて、「君のところは質問項目の立て方がおかしい」などと具体的に文句をつけてきたという。官僚だからこそ、細かいことにも目が行き届くのだろう。

総理補佐官兼内閣広報官を務めた長谷川榮一氏は、海外の記者たちに対して影響力を行使し、安倍氏を持ち上げる提灯《ちょうちん》記事を書いてもらっていた。それを翻訳して日本のテレビ局に流し、ワイドショーなどで「アメリカの○○○誌ではこういうふうに安倍さんが評価されているのに、日本では報道されない」などと取り上げてもらうのである。

さらに、私の報ステでの発言の時にあったように、菅官房長官秘書官たちもテレビ番組などをチェックし、リアルタイムで細かく抗議をしていたのは、第1章で述べたとおりだ。

このように、官邸官僚がいろいろなルートでメディアチェックをして、クレームやアピールをするのだから、かなりの効果がある。官僚たちは、きめ細かくかつ理屈っぽい。その上総理の威光を振りかざすのだから、これを受ける側は本当に辟易《へきえき》とするそうだ。

また、個別の政策、特に国民の人気取り政策のPRについては、内閣官房に出向している電通などの広告代理店社員たちが手伝い、マスコミに大々的に売り込んでいるようだ。月末の金曜日に早めに仕事を終えて消費を盛り上げる取り組み「プレミアムフライデー」、サービス品質を見える化するための「おもてなし規格認証」などの宣伝にも、官邸官僚が経産官僚や広告代理店と協力して知恵を絞っていたのだろう。

このように全体パッケージで、マスコミ支配と安倍氏のイメージアップ戦略が進められていたのである。

4—2　忖度するマスコミ

権力の忠犬に成り下がった政治部記者

前述のとおり、日本のマスコミには構造的な弱さがある。その上、安倍長期政権によるマスコミ支配が続いたことで、現場の記者たちの質のさらなる低下をもたらした。マスコミ支配は政治部をメインに展開されたということもあり、テレビも新聞も、政治部の記者たちは権力を見張る「番犬」から、権力の「忠犬」へと成り下がってしまった。

菅氏は総理に就任した後、ほとんど会見を開かなかったが、政治部記者たちはそれに異を唱えなかった。さらに「グループインタビュー」と称して少人数だけが会見に参加し、「会場に入れない人たちは音声だけを聞いていて下さい」といったひどい対応をされても、政治部記者たちは怒りもしない。安倍政権の前ならあり得なかった衝撃の事態だ。本来は記者クラブで一丸となり、ちゃんと会見をしろ、やらないならボイコットするぞ、くらいの交渉をして当然だが、それが全くできないのだ。こういう時に政権と対峙する動きができないなら、元々数々の問題点がある記者クラブ制度の存在意義は、もはやゼロである。

各社の政治部は、「総理番」といった形で有力政治家にそれぞれ「番記者」を付けるのが習わしだ。番記者の世界は、その取材相手といかに仲良くなるかが勝負だ。本人の下に通い詰め、一回でも多く会食をし、その政治家への忠誠を示すという「忠誠競争」になる。番記者を離れた後も行動パターンは同じだ。

彼らにも言い分はある。夜の会食をすることで相手の懐に飛び込む。すると、普段は見られない政治家の素顔と肉声に触れることができ、会見やオフレコ懇談ではわからない政治家の真の姿、考えに迫ることができるというのだ。

しかし、多くの記者は単純に騙《だま》されているだけということの方が圧倒的に多い。政治家の真実に迫るなら、幅広い角度からの取材が必要だ。金魚の糞《ふん》のように後ろをついて歩いてもあまり意味はない。その政治家に影響を与える他の政治家はもちろん、様々な関係者に日頃から網を張り、断片的な情報をつなぎ合わせて仮説を立て、それをまた関係者に当てて、真実を探る。表に見える動きとは違う真実をつかめば、綺麗《きれい》ごとではない、闇の部分を浮かび上がらせることができる。結果として、権力者がどんな嘘をついているのかがわかるのだ。そして、権力を監視批判するという観点で、それを記事にまとめて世に問う。もちろん、取材対象との対決は覚悟の上でだ。そこまでできて、日頃世の中から「権力との癒着」と疑われている行動を正当化できるのである。彼らは、どこまでそれができているのか。

働き方改革や経費削減などで、思うように取材ができないという弱音も聞くが、それはただの言い訳だ。日頃はにこやかに取材しながら、いざというときに取材対象の政治家が「どうしてわかったんだ?」と驚くような事実を突きつけて、スクープを書く。それこそが政治部記者の醍醐味《だいごみ》だろう。そんなことができる記者が本当に減っている気がする。

結局のところ最近の政治部記者は、権力を監視する番犬から、まるで権力の忠犬へと成り下がったかのようだ。政治部の報道内容は、今やほとんど当てにならないと言っても良いくらいだ。仮に運よく皆が知らない特ダネを取ったとしても、それを取ってきた記者は、情報源の政治家に忖度《そんたく》をしながら相手に怒られない範囲で、あるいは喜んでもらえるように報じている。正式発表前に人々の反応を知りたい政治家が、わざとメディアに漏らして報じさせる「観測気球」を、記者たちもそれとわかった上で喜々として報じることもよくある。そんな批判を聞くと、彼らは「自分たちは長い目で見て仕事をしている。今思い切り書いてしまったら、取材元の信頼を失い、本当に大事な時に情報を取れない」と反論する。だが、「それなら、本当に大事な時とはいつなのか」と聞くと、とたんに歯切れが悪くなる。

最近の新聞でも、これだけスキャンダルにまみれた菅政権のことを、徹底的に批判した記事はほとんど見かけない。批判を書くときは、誰かが批判した言葉を引用しているケースがほとんどだ。ライバル政治家などが何か言ってくれれば御の字で、「○○がこう批判した」と書くことで、なんとなく読者にその新聞が批判しているように受け取ってもらうのだ。あるいは、「○○と疑われても仕方ない」、「○○という批判が高まる可能性がある」などと、自分が主語の言葉で書くことを避ける。

担当する政治家から「何であんな批判の言葉を載せるのか」と責められても、「いや、あの人がああ言ったという事実を報道しただけです。事実は事実として伝えなければならないので」とか、「世論で疑念の声が出ているのは確かで、我々がそう疑っているという意味ではありません」という逃げ口上を用意している。

これは安倍政権から菅政権に至るまで続いて来た、政権からマスコミへの圧力に対する、マスコミの側の自己防衛の結果である。安倍政権のマスコミ支配の主役は、安倍氏というよりも菅氏だった。菅総理になっても、政治部は強い圧力を感じているはずだ。

現在のように、会見に出たり、オフの囲み取材や会食、夜回りで政治家に「与えられた」情報をメモにして本社に上げたりすれば、仕事をしていることになると思っている記者が多いうちは、政治部復権は夢のまた夢ではないか。

「超ドメ」で世間知らず

現代の政治情勢を見る上で、経済の重要性が非常に増している。米中関係も、米中の経済力の覇権争いが根底にある。「経済を制するものが、外交も軍事も制する」ということは誰の目にも明らかだ。

国内政治も、個別の政策論は経済に関する内容が増えている。菅政権が力を入れるデジタル庁、携帯電話料金の値下げ、２０５０年カーボンニュートラルなども、中身は経済の話だ。

そこで経済部記者の出番となるはずだが、日本の新聞社の経済部は、日本経済新聞を除けばかなり質が低い。経済部が花形部署ではなかったこともあり、優秀な記者が非常に少ないのだ。

特に海外の経済事情が全くわかっていない。彼らはおそらく英語もできないのではないかと思うほどだ。日本人向けに日本語で書く、日本の新聞社に就職したということで、海外に全く目を向けてこなかったからだ。国内向け事業のみを手掛ける人材を企業や省庁で「超ドメスティック人材」、略して「超ドメ」と呼んでいた時代があったが、経済部の多くの記者たちはまさしくいまだに「超ドメ」である。

そんな超ドメの経済部記者たちは、菅総理が「グリーンです、２０５０年カーボンニュートラルです」と発言して初めて一生懸命勉強し始めるというレベルだ。経産省が流すニュースを、ほとんどそのまま信じて書いている。

典型的な例が、カーボンニュートラルを掲げた直後、ありとあらゆるテレビ局と新聞社が「これからは水素だ、トヨタの水素自動車（ＦＣＶ）『ミライ』の時代だ」と一斉に報じたことだ。水素が重要なエネルギーであることは間違いではないのだが、だから今すぐ水素「自動車」だというのは大きな間違いである。

ＦＣＶは、どう頑張っても２０３０年以降にしか本格化しない技術である。世界はカーボンニュートラルを達成するために、電気自動車（ＥＶ）の時代へと一直線に向かっている。まず水素の価格がべらぼうに高い。水素ステーションも超高コストなので、それが存在しない県もたくさんある。さらにFCVは、水素を燃焼させることで電気を起こすというプロセスと、その電気をタイヤなどに伝えて車を動かすという2段階のプロセスが必要だ。一方、これから進化する自動運転には、ミリセカンド（1000分の1秒）単位の機器の制御が必要となる。2段階のプロセスが必要なFCVと、電池にある電気を直接使うだけのEVとでは、自動運転との相性という面でも、優劣は明らかだ。

EVの分野では、経産省とトヨタが世界の流れを読み誤る大失敗を犯し、日本は完全に出遅れた。そこでトヨタは、EVへのシフトを可能な限り遅らせ、ハイブリッドとプラグインハイブリッドで何とか時間を稼ぐ作戦に出た。消費者に水素の時代ですよと伝え、慌ててEVに切り替えるのではなく、もう少し待とうと思わせる。そのために、水素だ、ミライだと記者たちに書かせているのだ。経産省もEVには40万円の補助金（今年度から80万円の補助金も導入されたが、普通の人は使えない条件を付けた）、FCVには200万円超の補助金と差別して、何とかFCVに国民の目を引き付けようとしている。

さらにメディアにとっては、トヨタは最上級の広告主だ。日経新聞のある記者は、「古賀さん、日経ビジネスでトヨタ批判ととられる記事が出た時、大変な騒ぎになったんですよ。以来、本社でもトヨタの記事を書くときは皆細心の注意を払っています」と語っていた。

日経の場合は、よくわかった上での話だから、よく読めばトヨタの動きがいかにおかしなものかがわかるという記事も多い。しかし他社の新聞を読んでいると、水素エネルギー全体の話とＦＣＶの話を同じレベルで取り上げて、単純に「水素、水素」とはやし立てている記事が目立つ。国民は、今最重要課題である「グリーン」についても世界の常識とはかけ離れた情報を与えられ、その結果、日本全体が世界から取り残されて行くのである。

検察・警察に弱い社会部記者

次に、社会部はどうか。社会部は不正を暴き、弱者に光を当てるというのが伝統的な姿勢であり、社会部の記事が一番面白いし、本質に迫ることが多いと感じる。省庁の不祥事なども一生懸命取材をして報じてくれる。

官房長官をしていた菅氏に、会見で鋭い質問を繰り返し、質問制限などの明らかな嫌がらせを受けてもなお、果敢に菅氏を追い詰めていた東京新聞の望月《もちづき》衣塑子《いそこ》記者も、社会部記者である。

一方で、社会部記者にも弱点がある。元東京高検検事長の黒川弘務氏と賭《か》け麻雀《マージャン》をしていたのが社会部の記者たちだったように、検察・警察と社会部の癒着は深刻だ。だから、検察や警察の不祥事を暴くことは難しい。本気では戦えないのだ。

官僚のトップである杉田官房副長官らが、政敵の情報を微に入り細に入り集めて利用していたとしても、そうした警察官僚に迫るという取材は、社会部も苦手である。

たとえば中村格氏のような、官邸官僚上がりで警察庁次長を務め、警察トップを狙う位置にいる人物が、かつてジャーナリストの伊藤詩織さんのレイプ事件において、総理御用記者の山口敬之氏の逮捕を直前で止めたという横暴についても、新聞ではほとんど批判されていない。警察に真っ向から切り込む勇気のある社会部の記者が、世の中にほとんどいないからだ。

第１章で、警察官僚が台頭し「公安警察内閣」の様相を呈するようになったことを批判したが、そうした論調を新聞などであまり見かけないのも、これが原因なのだろう。

「ネットサポーターズクラブ」が生み出したSNSの異常空間

ネット上に、自民党の党員向けの組織「ネットサポーターズクラブ」がある。党員にメールマガジンや動画の配信などを行っている。

このネットサポーターズクラブは元々、組織的に何かをしているわけではなく、自民党の政策を広めるためのものだった。しかし次第に会員同士が相互にフォローし合い、連携し、事実上自民党支持者の非公式プラットフォームとなっている。そのメンバーの一部の人々が、自民支持のネット世論をリードするようになった。

例えば安倍批判を掲げるコメンテーターなどがテレビでちょっとでも口を滑らせると、リード役がネットサポーターズクラブメンバーなどに情報を流す。それがSNSで拡散されて炎上し、ネット上で集団リンチのようなことが起きる。

逆に安倍氏のPRになるいい情報も、このネット上の空間に流すと一気にSNS上に拡散する。

単純な構図ではあるが、これはマスコミにもかなりの影響を与えている。例えばテレビの報道番組が政権批判のニュースを流すと、「偏向報道だ」、「あの発言はとんでもない」などとSNS上で炎上し、テレビ局宛てに大量の抗議のメールが届くという具合だ。

番組には、「あの批判は良かった」といったメールも来るが、数では圧倒的に右翼っぽい抗議メールが多い。そうすると、以降の番組制作にも大なり小なり影響する。最近は「ネトウヨ」という言葉も浸透し、多少は免疫もできただろうが、それでもまだそういった「ご意見」を恐れ、ネット世論に忖度してしまうマスコミも多い。

だからこそ、慰安婦問題など、「ネトウヨ」が敏感に反応するテーマは避けたがる。報じるとしても、韓国が悪いという方向でＶＴＲをまとめる。その世論がある限り、日本政府は身動きがとれない。

また、こうしたネトウヨたちは、差別発言で有名なＤＨＣ会長のような経営者が支援するネット番組を好んで視聴する。その忠誠心は非常に高い。これらの番組は私から見ればフェイクニュース満載という感じなのだが、面白おかしく驚くような内容を伝えると、視聴回数も上がり、広告料も増えるらしい。最近は、そうした番組に出演することで金を稼ごうとか、著書やメルマガの売り上げにつなげようというような「言論人」も増えている。もちろんそうした層に受けるためには、彼らの著書の内容は右翼本にならざるを得ない。ある出版社の経営者が言っていたが、そういう本を出せば、ロイヤリティの高い右翼層は同じ内容でも何冊も買ってくれるということだ。

自民党は、基本的に利権、すなわちカネでつながる政党だが、右翼番組に集まる言論人や経営者も基本的にはそれと同じ。だが、これが意外と侮れない。金の結びつきは理念や思想の結びつきより強い。一般のネトウヨ層の人々が儲かるわけではないが、その人たちの単純な忠誠心を利用して儲けている人がいる、という図式だ。

一方、リベラル層のつながりはカネではなく理念であるので、意見の違いがあるとすぐに分裂することが多い。言論人がリベラルの立ち位置をとっても、集会にタダで来てくれと言われる回数が増えるくらいで、儲けには全くつながらない。逆に言えば、金のつながりがないから、分裂への歯止めがないのだ。こういうことは意外と重要だ。

官邸主導のマスコミ支配と、それによるマスコミ自身の質の低下は、第2次安倍政権から現在の菅政権まで連綿と続いている。マスコミが権力を見張る「番犬」から、権力の「忠犬」へと成り下がっている事態に、国民は気付き、これを糾弾していかねばならない。

第5章　力不足で思考停止の菅政権

5―1　哲学なき政権には倫理もない

今井なき菅政権の不安

菅政権の誕生は2020年9月16日だったが、菅氏が継承した安倍政権のレガシーは、菅氏と石破茂《いしばしげる》氏、岸田文雄《きしだふみお》氏の3人が争った自民党総裁選の時点から、菅氏有利に働いた。「マスコミ支配」によって、飼い慣らされてきたテレビや新聞の政治部記者たちは、早い段階から菅氏が次期総理になるという情報を垂れ流した。菅氏の怖さは、政治部記者は身に染みている。菅総理誕生の可能性がある以上、菅氏批判の記事はリスクが大き過ぎて書けない。安倍氏の「モリカケ桜」スキャンダルのもみ消し役だった菅氏には、安倍氏同様批判が集中してもおかしくないはずだが、そうした記事は見当たらなかった。

菅氏を支持する二階俊博《にかいとしひろ》自民党幹事長は、コロナ禍を理由に総裁選の地方における党員投票を中止し、国会議員投票のみの総裁選とした。地方党員や国民からの人気が高い石破氏が得票を増やすのを防ぐ「石破氏」の作戦であることは誰の目にも明らかだった。

自民党の総裁選は、日本の首相を決める選挙と同じ。党員投票を行わないのは、国民の声を聞かないのと同じだから、民主主義の蹂躙《じゅうりん》だとして、普通の国なら強い批判が出るだろう。しかし、非民主的な石破封じに対して、菅氏を恐れるマスコミが批判を強めることはなかった。逆に言えば、菅氏と二階氏があえてこれほどの暴挙に出たのは、「我々は、マスコミを完全に支配している」という自信があったからだと見ることもできる。

総理が交代すれば、官邸官僚の顔ぶれも変わる。安倍政権で権勢を誇った今井氏は内閣参与に退き、補佐官の長谷川氏、秘書官の佐伯氏はともに退任した。安倍政権時代の官邸官僚で留任したのは、官房副長官の杉田氏、国家安全保障局長の北村氏、そして和泉総理補佐官ら一部の者であるが、そのこと自体は、特に異例のことではない。

「菅カラー」が出るであろうと見られた菅政権発足時の総理秘書官たちを見てみると、七人のうち一人は菅事務所の秘書で、官房長官時代も政務秘書官を務めた新田章文氏。彼がそのまま政務の総理秘書官に就いた。残る六人が事務の総理秘書官で、省庁出身の「官邸官僚」となった。

うち四人は、菅氏の官房長官秘書官から総理秘書官へと抜擢《ばってき》された官僚だ。通常、総理秘書官は省庁の局長級であることが多く、それに比べると課長級が多い官房長官秘書官から起用された秘書官は年次が若い。やや異例のスライド人事である。

この四人は、外務省出身の高羽陽《たかばよう》氏、財務省出身の大沢元一氏、経済産業省出身の門松貴氏、警察庁出身の遠藤剛氏だ。この他には、過去に菅氏の官房長官秘書官を務めた厚労省の鹿沼均《かぬまひとし》氏、安倍政権から続投となった防衛省出身の増田和夫氏も秘書官になった。

彼らの登用に対しては、やや経験不足ではないかという懸念の声も聞かれたが、学術会議任命拒否問題や「ＧｏＴｏトラベル」事業への固執などで内閣支持率が低下していくにつれ、菅政権には全体を束ねられる秘書官がいない、総理を諌《いさ》めたりアドバイスをしたりする人もいない、という声も強くなった。この声は、今井氏が良くも悪くもそうした役割を果たしていたこととの比較で出たものだ。そこで政権発足から3か月強しか経ていない21年元旦《がんたん》付けで、政務の総理秘書官は交代し、財務省出身で内閣審議官を務めていた寺《てら》岡光博《おかみつひろ》氏が就任した。寺岡氏は15年から18年に菅官房長官秘書官を務め、菅氏とは気心が知れているのだろう。他の秘書官たちよりも年次が上で、政策の統括や総合調整という大役をこなすことを期待されての登用である。

しかし、この寺岡氏が安倍政権の今井秘書官のような役割を果たせるかというと、最初から「無理だ」と見る関係者が圧倒的に多かった。政務の秘書官は、総理の身の回り一切のことも担当する。21年度予算案審議中に問題となった東北新社による総務官僚接待疑惑で、一躍注目を浴びた菅総理長男の正剛《せいごう》氏も菅ファミリーの一員だから、一義的には寺岡氏の担当ということになる。しかし、この件に限らず、寺岡氏が家族の問題に関与できるほど菅総理と密接な関係は築けてはいないというのが関係者の見方だ。今井氏が安倍総理夫人昭恵氏の秘書に、経産省から谷査恵子氏を抜擢《ばってき》するなど、家族関係にも深く関わったのとは対照的である。

菅氏の威を借る総理補佐官・和泉洋人氏

一方で、菅政権発足直後から「ポスト今井」として注目を浴びた人物がいる。内閣総理大臣補佐官の和泉洋人氏だ。和泉氏は第1章で書いたように、民主党政権時代から官邸官僚として再任され続けている人物である。今井氏をはじめとした安倍氏の寵臣《ちょうしん》らが官邸を出た後、その権力の空白を埋めるのに一番近い人物が和泉氏だと目されている。

実際、菅総理が就任から間もない20年10月、初の外遊でベトナムとインドネシアを歴訪した際の首脳会談での席次で、和泉氏が官僚のトップの地位に近づいたことがわかった。

官僚の世界では席次が極めて重視される。総理の右隣には官房副長官で側近議員の坂井学《さかいまなぶ》氏。そして通訳を挟んで左隣に、和泉総理補佐官、北村滋国家安全保障局長の順番となっていた。国家安全保障局長よりも役職的には1ランク下がる総理補佐官の和泉氏が、総理に近い席に座るのは異例なのだ。

オワコンのIRにこだわる菅総理

他にも、安倍政権の頃から菅―和泉ラインで取り組んでいることの一つに、カジノを含む統合型リゾート施設（IR）の、菅氏の地盤・横浜市への誘致がある。アベノミクスの成長戦略の目玉とされたIRは横浜市で「菅案件」と位置づけられ、IR推進派の林文子《はやしふみこ》横浜市長、横浜市議会、そして横浜市の経済界が誘致活動を進めてきた。このIRには、大きな利権が絡んでいるのは周知の事実だ。

横浜市のIR計画に参入を目指していた米国のカジノ運営大手「ラスベガス・サンズ」の会長兼CEOのシェルドン・アデルソン氏（21年1月死去）は、トランプ元大統領の大口献金者だ。そのためサンズの日本参入について、安倍前総理の17年2月訪米の際、トランプ氏からの働きかけがあったと報じられた。アデルソン～トランプ～安倍～菅の流れでサンズに便宜を図るよう依頼され、横浜市のＩＲ計画には菅氏の利権が絡んでいる、と考えるのは自然だろう。そして菅政権の下では、和泉氏の役割はますます大きくなるはずだ。

しかしＩＲは、新型コロナの影響をもろに受けている。カジノの本場・ラスベガスも、世界的なレジャー需要の冷え込みで大不況に陥っている。横浜にこだわっていたアデルソン氏も20年5月、「日本におけるＩＲ開発の枠組みでは私たちの目標達成は困難」という声明を出し、実際には経営環境の悪化を理由に、日本進出を断念した。

全国に先駆けて19年12月にＩＲ事業者の公募を行った大阪府・大阪市は、唯一公募に応じた米ＭＧＭリゾーツ・インターナショナルとオリックスによる共同グループと協議を重ねていたが、新型コロナの影響で停滞し、２０２５年大阪・関西万博前の一部開業も断念した。従来型の巨大ＩＲはもはや「オワコン」だというのが世界の常識になっている。

それでも菅政権は20年12月、ＩＲを整備する地域を決める基準などを示した基本方針を閣議決定した。21年10月から22年4月まで自治体からの申請を受け付け、国土交通相が最大3地域を選び、20年代後半の開業を目指すとしている。

国内ではＩＲに絡む汚職事件も起きた。衆院議員の秋元司《あきもとつかさ》氏が、ＩＲ事業を所管する内閣府副大臣を務めていた17年当時、カジノ参入を目指す中国企業から賄賂《わいろ》を受け取ったという収賄容疑で起訴された（秋元氏は19年12月の逮捕日に自民党を離党）。

国内外でＩＲへの逆風が吹いているが、菅政権がＩＲを断念する気配は全くない。新型コロナの影響はまだ何年も続き、インバウンド需要の本格的回復もまだまだ先ではないかという見立ては多い。一方、カジノ利権は、日本における21世紀最大の新たな利権だという期待を捨てきれない関係者も残る。これほどまでの逆境に追い込まれてもなおＩＲにこだわる菅氏には、やはり利権の匂いを感じてしまうのだ。

和泉補佐官のコネクティングルーム出張不倫疑惑

安倍政権の頃から、アジア各国へのインフラ輸出を手掛けてきた総理補佐官の和泉氏は、海外出張に部下だった大坪寛子《おおつぼひろこ》氏（現厚労省大臣官房審議官）を同伴していた。和泉氏が内閣官房健康・医療戦略室の室長で既婚、大坪氏はシングルという関係だった。ところが二人の出張の際、総理補佐官室の担当者が外務省担当者に、二人のホテルの部屋を内部でつながった「コネクティングルーム」で予約するようにとメールで指示していたことが発覚。ミャンマー、インド、中国、フィリピンと、18年の四度の海外出張が公私混同の「不倫出張」だったという疑惑は、国会で何度も追及された。不倫自体、許されないことだが、明らかに怪しまれる「コネクティングルーム」でのホテル予約を部下に命じたのは、公私混同の最たるもの。官僚として最低であり、厚顔の極みだ。

二人とも不倫は認めず、逃げ続けた。当時私は、和泉氏は恥ずかしくて仕方ないが、安倍政権が終わるまでの辛抱だと自身に言い聞かせ、政権交代のタイミングで潔く辞任するとばかり思っていた。ところが、彼は総理が交代しても続投したのだ。これには本当に驚いたが、それればかりか今や官邸官僚のトップの座を狙っている。その根性には、呆《あき》れを通り越して感心してしまうほどだ。

ワクチン敗戦の責任者？　和泉・大坪カップル

この和泉・大坪カップルは、19年8月にも京都大学iPS細胞研究所へ二人で出張し、ノーベル生理学医学賞受賞者の山中伸弥《やまなかしんや》教授に対して驚くような発言をしている。大坪氏が「iPS細胞への補助金なんて、私の一存でどうにでもなる」と言い放ち、再生医療の実用化に向けた研究予算を打ち切る方針を告げたと報じられたのだ。

国費の予算配分とは、行政内部でオープンな手続きを踏んで決めていくものであり、「私の一存で」という発言は非常識極まりない暴言である。しかも、この恫喝《どうかつ》の約3時間後に、京都でデートを楽しむ二人の写真が週刊文春に掲載された。驚愕の公私混同ではないか。

さらにこのカップルは、国立研究開発法人日本医療研究開発機構（AMED）の運営にも不当な介入をしていた。AMEDは、医療分野の研究開発とその環境整備を担う機関だ。アメリカ国立衛生研究所（NIH）の日本版として、15年に設立された。日本の医学・生命科学界の司令塔である。医学の世界と言えば、小説『白い巨塔』で描かれたどす黒い闇の世界というイメージがあるが、前理事長である末松誠《すえまつまこと》氏（慶應義塾大学元医学部長）によれば、AMEDは発足時から、文部科学省、経済産業省、厚生労働省の3省と専門家で自由闊達《かったつ》な議論ができる体制作りをし、それが機能してきた。しかし内閣官房に設置されていた健康・医療戦略室の次長が18年7月に医系技官の大坪氏となった頃から、理事長らに「各省の予算のマネジメントなどは全部、健康・医療戦略室を通すように」、「担当大臣など政治家の方々とコンタクトを取るな」などの干渉が始まったという。

また令和元年度後半の調整費約80億円が、大坪氏が推進する「全ゲノム解析計画」に使われるということが、健康・医療戦略室による不透明な決定プロセスで決まったという。反発する理事、執行役および経営企画部長は、和泉氏の執務室に呼びつけられ、「大坪次長の言うことを聞いてうまくやらなければ、人事を動かす」と恫喝されたとの事実も明らかになっている。

医学・生命科学の専門家で構成される有識者会議を飛び越えて国の予算を仕切ろうとする大坪氏に対して、末松理事長は「二度と起きないようにしてもらいたい」と、ＡＭＥＤの審議会で怒りを込めて告発した。政府傘下の組織のトップが、幹部官僚をあからさまに批判するのは極めて異例だ。いかに度を越していたかが良くわかる。

本件は、国会でも立憲民主党の早稲田夕季議員が質問主意書で取り上げている。もちろん、政府側は、適正な手続きで訳定したと反論しているが、関係者の証言とは真っ向から食い違っており、また、調整費のほとんどを一つのプロジェクトに集中させたのも疑惑を深める要因となっている。

20年3月末で5年間の理事長任期満了となる末松氏の再任を望む声は強かった。新型コロナの感染拡大が国内で広がる中、山中伸弥教授はメディアで切実な声を上げていた。「海外で治療薬やワクチンが開発されても、国内には入ってこないとか、入ってきても高額になるとか、そういったリスクも考えられる。今は、他の研究を置いておいてでも、ＡＭＥＤのトップダウンで１００億円でも、１０００億円でもいいので、治療薬やワクチンの開発を進めることが重要だろう。国難の局面では、『俺が俺が』の競争ではなく今こそ協調し、お互いに情報交換することが必要だ」「しばらく前からAMEDでは、末松誠理事長が思う存分リーダーシップを発揮できない状況にあり、今この状況にもリーダーシップを発揮できない可能性があるのではと危惧《きぐ》している。また、20年4月に末松理事長は就任から5年を迎えるが、感染拡大の深刻さを考えれば、理事長の任期を1年でも延長して、国難に立ち向かうべきではと思っている」（日経バイオテクオンライン2020年3月27日）

しかし和泉総理補佐官は、末松理事長の再任も、末松氏が顧問として残ることも認めなかった。そして、医学・生命科学の専門家集団のトップとして後任に選ばれた三島良直《みしまよしなお》元東京工業大学学長は、何と材料工学の専門家だった。驚きの人事ではないか。同氏が和泉・大坪不倫コンビに近く、彼らの傀儡《かいらい》としてポストを得たと囁《ささや》かれているそうだ。

今私たちは、日本が世界のワクチン開発競争で決定的敗北を喫したのを目の当たりにしている。20年春に山中教授が危惧した通りの展開ではないか。本書が出版される21年6月頃には、イスラエルに続き英国などでも、ワクチン接種の進展により新型コロナウイルスの感染が抑制されてくるのに対して、日本では高齢者へのワクチンの接種さえ終わらないという事態に、国民がいら立ち、どうして日本国内ではワクチンや治療薬の開発ができないのか？　と疑問が呈されているだろう。その時、不倫カップルが、ワクチンや治療薬の開発に迅速に回せるはずだった予算の大半を大坪氏のプロジェクトに使ってしまったのだということを国民が知ったら、おそらくこの二人は霞が関にいられなくなると思うのだが。それでも、菅氏の威光で官邸に居座り続けるのだろうか。

大坪審議官が引き起こす混乱を未然に防ぐ「スウィーパー」河野太郎

医療従事者へのワクチン接種が本格化した21年3月、官邸内ではある懸念の声が広がっていた。高齢者への大量接種が始まる4月以降、様々な混乱が生じるのではないかという心配だ。それは、初めての経験だから予期せぬことが起きるのではないかといった普通の心配とは少し違う。「人災」への懸念である。

官邸内では元々、和泉補佐官がワクチン対策の取りまとめ役を担っていた。政権最大の課題だから、菅氏の「片腕」の和泉氏としてはもちろん「俺が仕切る」ということになるのだろう。しかし和泉氏は、医療はもちろん、ワクチンに関してもど素人だ。だが和泉氏には切り札がある。「愛人」大坪氏だ。彼女は、医系技官。「医療のプロ」として常に和泉氏に寄り添い、まるで厚労省代表であるかのように振る舞っているという。ＡＭＥＤの時と同様、この黄金「不倫」コンビで、ワクチン接種を取り仕切ろうということだ。
しかし21年1月、河野《こうの》太《た》郎《ろう》行政改革担当相が、菅総理の特命を受けてワクチン担当相に就任した。もちろん、大臣だから立場上、和泉氏よりも上に立つ。和泉氏がこれを嫌うのは当然のこと。当初は、河野大臣を無視するわけには行かないものの、河野氏のところで決まる前にすべてを自分のところで決めてしまおうと動いたらしい。

だが河野氏は、並みの大臣とは全く違う。まず何よりも、普通の官僚より、実務能力で秀でているのだ。周辺の見るところ、和泉氏よりも河野氏の方がはるかに上手なのは明らかだという。河野氏は、和泉氏の魂胆を見抜いたのであろう。すぐに、すべての情報を自分のところに一元化するよう、官邸と厚労省はじめ各省に徹底した。さらに河野氏の下で開かれる関係省庁会議に和泉氏を同席させ、彼の独断の行動を完全に封じたのである。和泉氏は相手の方が上だと悟り、以後は河野氏に盾突くようなことはなくなったらしい。当初心配された、河野・和泉のバトルは回避されたのだ。

一方、不倫問題で厚労省内の信頼を失った大坪氏は、失地回復の絶好の機会と、河野氏の御前会議のたびに姿を現すそうだ。彼女はプレゼンがうまく、話を聞いていると皆納得するらしい。質問にも間髪入れず当意即妙に答えるから、凡人が集まると彼女のペースで話がまとまる。しかしワクチンの会議は、全参加者の本気度が違う。問題が生じれば政権の命取りになるかもしれず、それは自分たちの出世にとっても致命的な打撃になることは確実だ。関係者の数も多く、その緻密《ちみつ》な連携が欠かせない。

大坪氏のプレゼン案には、大きな矛盾があったり、大々的なトラブルが予期されることが幾度かあった。そのたびに、優秀な官僚や河野大臣の指摘でその穴が未然に発見され、厚労省など各省の現場と河野氏の間で直接連絡を取るようになるなど、「危機管理」の体制も構築された。河野氏がいなければ、和泉氏が大坪氏のアイデアをそのまま各省庁に強要し、穴だらけのワクチン接種計画が進められていたのではないかと思うとぞっとする。

大坪審議官は今や完全に関係者の信頼を失っているが、本人はそれでも意気軒高。毎回、「厚労省代表」を楽しそうに演じているそうだ。それとも、和泉氏と一緒にいられるのが嬉《うれ》しいということなのだろうか。

ちなみに、河野大臣がワクチン担当になった当初は、「河野氏が入ったことで、現場が混乱している」などという報道が流れたが、これは河野氏に官邸内での力関係を崩されることを怖れる、一部官邸官僚による情報操作だった可能性が高い。今後も、何らかのトラブルが起きた時は、河野氏に責任を押し付ける動きが見られることは確実であろう。

5―2　総理大臣としての菅義偉　パンケーキは硬くてスカスカ

頑固で攻撃的な裏方番頭

20年9月の総裁選の際、菅氏は、「パンケーキが大好き」「令和おじさん」というソフトなイメージと、「地方」から「集団上京」して下積みから這《は》い上がった「苦労人」というイメージを前面に打ち出した。菅氏の周辺にいる人なら、そんなイメージがいかに彼の素顔と対極にあるのかはよくわかっている。12年12月の第2次安倍政権発足以来、7年8か月にわたり官房長官を務めた菅氏には、史上最強の官房長官というイメージがあった。これは玄人から見れば、「仕事師」という良いイメージになるかもしれないが、下手をすれば「強権的・強面《こわもて》・非情の政治家」という彼の素顔を晒《さら》すことにつながりかねない。そこまで行かなくても、一般庶民受けするものでないことは確かだ。官僚支配、マスコミ支配という彼の強みも、選挙民には最悪の印象を与える。そこで、こうしたイメージと正反対のＰＲを行う必要があった。「令和おじさん」キャンペーンはただ単に、令和の新元号を発表した時に色紙を掲げた菅氏の「にこやかな」画像を、「令和おじさん」という言葉と共に拡散しただけのものだったが、効果は抜群だった。令和を迎えた時の明るい雰囲気につながり、菅氏の「暗い」イメージを隠すのに最適だったのだ。

彼は、秋田の雪深い田舎から集団上京し、苦学しながら這い上がってきた苦労人というイメージを打ち出すことにも成功した。彼の実家は貧乏どころか裕福な地方の有力農家であったことや、集団上京ではなく、単に親の仕事を継ぎたくなくて東京に出てきただけだという事実も、さらには年間１億円超の収入があり、横浜の億ションに暮らす超リッチな政治家であるという事実も、最初の虚偽の宣伝の効果でかき消されてしまった。こうした詐欺的広報戦略により、菅内閣は60～70％、「歴代３位」と言われる高支持率を記録した。

しかし私の抱く菅氏のイメージは、全く違う。私がよく知る政治家やマスコミ関係者が語る「菅義偉」像も同様だ。私の彼に対するイメージを短い言葉で表せば、「頑固で攻撃的、『改革する自分』に酔う裏方番頭」である。

菅氏は横浜市議時代から、とにかく一度言い出したら絶対に変えない、執念深く粘着質なタイプだったと、菅氏と付き合いの深い横浜市職員や財界人らは口を揃える。そのしつことを「恐ろしい」「信じられない」ほどだったと強調する人も、一人や二人ではない。

頑固という面は、新型コロナの第三波が来ても「経済最優先」の思いにこだわり過ぎて、自身の肝いり政策の「ＧｏＴｏトラベル」事業をなかなかやめられなかったこと、二度目の緊急事態宣言の発出が後手に回ったこと（21年1月8日に1都3県、14日に7府県に発出）などに象徴されている。20年11月下旬から首都圏を中心に新型コロナ感染が急拡大し、西村康稔経済再生担当大臣が「勝負の3週間」などと呼びかける中でも、菅氏は折に触れて「ＧｏＴｏ事業を止める気はない」と発言していた。もちろん、観光業界の利権を守るという側面や菅政権誕生の立役者であり守護神でもある二階俊博幹事長が、同業界のドンであるという事情もあった。しかし何よりも、菅氏自身の思い込みの強さがその原因だったようだ。周囲も反対意見を口に出すことすらできない雰囲気を漂わせていたそうだ。

この経済最優先へのこだわりは、成功体験に基づいているとも言える。安倍政権は「とにかく経済がうまく回っているように見せることさえできれば、何度失敗しても国民の支持率は回復する」という成功体験を幾度も重ね、「経済の安倍」というキャッチフレーズまで生まれた。菅氏もこれを踏襲している節がある。しかし、菅氏には全体的な戦略がない。とりあえず、二階氏や業界から聞こえる要望に応《こた》えることが「経済最優先」になるという、目先の対策しか思いつかない。それしかなければそれにこだわるしかない、それにこだわり続けるから新しい発想は生まれない、という悪循環だ。

「経済最優先」と言いながら、「経済」の具体的内容がＧｏＴｏ以外にないという単細胞頭脳。この「頑迷さ」が、菅政権の命取りになるのではないかと危惧されるのである。

「従わないならクビ」が招くこと

菅総理本人が視野狭窄《きょうさく》の「経済活動最優先」にこだわるため、政府の新型コロナ対策は、安倍政権時代から全く進歩がない。都合の悪い事実から目をそらし、好都合な情報を見て楽観する。頭の中が偏っているので、批判されてもその意味がわからず、相手が悪いように感じてしまう。

そうしたトップの下で働く官僚たちは、菅氏の考えを軌道修正させたいと思っても、「従わないならクビだ」という菅氏の意向が浸透しているから怖くて本当のことが言えない。彼らが追求するのは、感染拡大を防ぐという「結果」ではなく、菅氏の顔色を窺《うかが》いながら自分たちの責任を問われないようにアリバイのための「対策」を作り、もっともらしく説明することだ。だが現実には「対策」の中身はザルだったり、空っぽだったりという状況が蔓延《まんえん》している。例えば21年4月までの新型コロナの水際対策ではこんな具合だった。

英国で感染力が従来の1・7倍と言われる新型コロナの変異ウイルスが見つかり、欧州主要国は、その発表からほぼ一両日中という早いタイミングで英国からの入国者を止めた。日本政府の対応は3週間以上遅れた。英国型変異ウイルスが世界中に広がっていく中でのこの対応に批判が強まると、今度は外国人の日本への入国を全面的に制限するようになったが、それでも日本人の帰国や、在留資格がある外国人の再入国、親族の葬儀や出産など「特段の事情」がある外国人の入国は、引き続き認められた。入国後の対応も、非常に緩く、強制力がない。空港から隔離施設に政府専用車で直接運び、強制隔離すべきなのだが、そんなことは全く考えも及ばなかった。案の定、1月下旬に静岡県や東京都で変異ウイルスの市中感染とみられる事例が報告され、その後は瞬く間に全国へと広がって行った。

思考停止が呼んだ恐怖のコロナ第四波

21年1月の国会では、感染症法と新型コロナ対策特措法が早々に改正された。この時最も注目されたのは、休業命令に応じない飲食店や入院措置を拒否する患者に対する罰則の議論だ。当初の政府案では、懲役や罰金という刑事罰が規定されていたが、野党の反対により（ただし、これは事前に自民党との間で裏取引がなされていた）、刑事罰はなくなり、過料という行政罰（刑事罰と異なり前科が残らない）とすることになった。

休業補償が政府に具体的に義務付けられていないまま、休業命令違反の業者に罰則を科すこと自体、どう考えてもおかしいし、入院したくてもできない人が続出する中で入院拒否に罰則という議論をするなど、笑い話のようだ。官僚たちは、何らかの対策を出せと言われて出したのだろうが、国民目線ではなくアリバイ作りに終始するからこういうことになるのだ。

こんな改正案を議論することで満足している与野党には、全く危機感が足りない。欧米を見れば、日本でも同じことが起きる可能性があることは誰でもわかる。欧米各国では医療崩壊が起き、死者が爆発的に増えた。ピークを迎えるたびに、伝家の宝刀として強制力を伴う外出規制、いわゆるロックダウンが実施され、それによって何とか感染拡大を抑えている。

日本でのロックダウンはやらないに越したことはないが、だからと言って備えなしで良いのかと言えば、そんなことはない。まだその必要のない平時においてこそ、冷静な議論を行って制度を整備しておくことが大事だ。もちろん、ロックダウンほどの強力な措置を採れば、国民生活は大打撃を受ける。それを具体的に想定して、被害を最小限にするためにはどのような措置が必要かをあらかじめ予測し、個別の対策をまとめたパッケージを準備しなければならない。しかし驚くべきことに、そうした議論がなされたとは全く聞かない。

21年1月、11都府県に発出された二度目の緊急事態宣言は、首都圏においては二度延長され、3月21日に終了した。この時菅総理は、東京都などでは感染者数の下げ止まりからリバウンドの兆候が見え始めたこと、変異ウイルス蔓延の可能性が高いことなどを認識した上で、「大丈夫だろう」とほとんど何の根拠もないまま宣言を解除した。新たなコロナ対策はないに等しい。せいぜい変異ウイルスなどを含めた検査体制の強化くらいだが、新規感染者のうち、それまで5～10%だったスクリーニング検査の比率を早期に40%へと引き上げるという目標も、よく聞いてみると東京都では、いつ達成できるのか不明といういい加減さ。対策の柱として、飲食店への夜9時までの時短要請を掲げたが、首都圏などでは元々夜8時までだったので、むしろこれは規制緩和で、対策とは呼べない。あとは手洗い、「3密」回避など、従来の対策だけ。これでは、感染拡大が止まるはずがない。これまで同様、日本人は「民度が高い」から欧米のようにはならないと信じ込んでいるのか。

安倍政権の特徴は、学者などの専門家を馬鹿にし科学的思考ができないことだった。海外から学ぶ姿勢も欠如していた。菅政権も全く同じだ。

それにしても、官僚たちがこれほど無策のままというのは信じられない。官僚の能力が下がったというより、思考が停止してしまっていることの表れだと思う。

21年３月21日の緊急事態宣言解除の際、私は20年春の第一波の時を思い出した。感染状況が深刻化し事実上の医療崩壊が起きる中でも、安倍総理は緊急事態宣言を出し渋り、３月下旬の連休で外出が増えて感染爆発となった。

21年３月も、年度末から年度初めの人の異動が増える時期。学校も春休みで、しかも桜開花の時期に重なった。宣言解除前から人出は増え始め、誰もがリバウンドが心配だと言う中での宣言解除。その直前には、感染者が減少したことを受けて県独自にＧｏ Ｔｏイートキャンペーンを実施した宮城県で、急激に感染者が増加し、県独自の緊急事態宣言の発出に追い込まれていた。こんなにわかりやすい前例を目の前にしてもなお、菅総理は宣言解除にこだわった。その結果は、予想通りの感染拡大第四波であった。

危機対応で重要なのは、「最悪の事態」を想定して対応することだ。欧米などには、日本から見た「最悪の事態」のお手本のような例がたくさんある。官僚たちは、海外諸国がそのような事態にどう対応してきたのかもわかっている。「独創的な案」を出せと言われるとお手上げになる官僚たちも、実は、人真似となれば優秀だ。過去問を解いてきた秀才君たちにとっては、まさにツボにはまるという表現がぴったりだろう。もし、真剣に最悪の事態を想定する危機感を持っていれば、必ず、前述したロックダウンと強力な支援体制の整備を、今から準備するはずである。もちろん、法改正は今国会でやり終えなければならない。私が心配するのは、21年6月16日の今国会の会期末までにこうした法律が整備されないまま、変異ウイルスが猛威を振るい、ワクチン接種も進まない状況下で、医療崩壊が起きているのにロックダウンはできず、死亡者は急増し、また、コロナ以外の患者の治療も行えないという事態が全国に広がることだ。

そんな危機感など皆無の菅総理は、「オリパラ」とＧｏ Ｔｏキャンペーンの再開のことばかり考えていたようだ。それがわかっているから、官僚たちは、「最悪のことを考えてロックダウンの準備をしましょう」などとは言えるはずもない。そんなことを言えば、夏の人事で飛ばされる。そんな恐怖感ゆえ、官僚たちは知恵を出さない。

菅氏の思い込みと頑迷さ、さらに官僚恐怖支配によって、官僚の思考停止が続き、コロナが始まってから1年以上経つのに、いまだに最悪を想定した対応策がほぼゼロの事態が生じている。これこそ国民にとって、最大のリスクではないか。

ワンストップ・ハイブリッド・ノーリミットの支援策を

強制ロックダウンを実施する場合に重要なのは、それによって被害を受ける事業者への補償だ。これがしっかりしていないと、大変な「人災」が起きる。21年1月の緊急事態宣言の際も、各都道府県は事業の規模の大きさに関係なく一律の金額、あるいは十分でない上限額の範囲内で支援するというやり方を続けた。

私は20年春の段階で、ある提言を行った。19年（コロナ前の基準年）の売り上げを上限として、その範囲であれば無制限に無利子無担保融資を行い、1年後以降に迎える税務申告時に実際の損失などを査定して、コロナによる休業要請に応えたことによる損失分は返済免除とする一方、残額については、長期の超低利融資とするという方式（結果的に、給付金となる部分と低利融資に切り替わる部分からなる「ハイブリッド」支援策）の導入だ。これにより、持続化給付金、家賃補助やその他の政策融資など、バラバラに実施されている支援策を一元的にまとめて支援できるので、「ワンストップ」支援と言える。さらに、一律6万円などという上限を設けず、事業者のニーズに応じて支援額が増える「ノーリミット」支援でもある。その間の手続きは、取引銀行と税理士・税務署などに担当させれば、必要な財務資料が揃っているので、簡単に実行できる。税務署の業務量が非常に大きくなるが、この緊急事態だから、徴税事務は1年くらい先延ばししても良い。手続きにかかる費用はもちろん、コロナによる損失として認定する。

この制度は、休業要請された事業者に限定する必要はない。休業要請を受けなくても、間接的影響を受ける業者は非常に広範囲に及ぶ。飲食店に材料を納入する業者、さらには、食材の生産農家・漁業者、おしぼり業者などの関連サービス業への打撃も、かなり大きなものがある。また外出自粛要請が行われたことで、飲食関連以外でも、小売店を含めてほとんどの業種に大きな影響が及んでいる。直接の休業・時短要請があったか否かで補償を差別するのは、合理的でないのは明らかだ。もし官僚たちが真剣に国民目線で考えれば、これくらいのことはすぐに思いつく。もちろん、縦割り行政の問題や「前例主義」の壁もあるだろう。だがそれを突破するのが、官邸官僚や官房長官、総理の役割だ。

実は、菅総理自身に知恵がないから、抽象的な指示しかできない。すると官僚たちは、その指示を都合よく解釈し、アリバイ作りだけの政策を出す。菅氏は満足できないだろうが、仕方なくそれに乗って動くしかない。結局ダメな総理の下では、「ワンストップ・ハイブリッド・ノーリミットの支援策」など、実現できないと思う。

絶望的大根役者・菅義偉

菅氏のイメージとして「裏方番頭」と述べたのは、裏方に徹している間は安倍政権を支える屋台骨と見られていたのに、総理という主役になり、国会という檜《ひのき》舞台で大見得を切る場面になったとたん、演技能力ゼロのとんでもない大根役者だったことが露呈したからだ。もちろん、朴訥《ぼくとつ》な語り口を評価する向きもあるが、菅氏にとって不幸だったのは、コロナ禍という緊急事態に登板したことだ。緊急時に重要なのは、政策立案時の決断力や政策の実行力と並び、痛みを伴う政策について国民に真摯《しんし》に語りかけ、人々の心をつかんでその協力を得ることである。休業要請や外出自粛などには、国民の協力が何よりも大事だ。しかし菅氏がしゃべると、何を話しても小学生が教科書を棒読みしているようで、人々に心が伝わらない。それどころか、聞いていて反感さえ招くようなパフォーマンスしかできないことが、連日の国会中継で明らかになった。こんな人に一国のリーダー、とりわけコロナ禍の総理という大役を任せることはできないという声が一気に高まったのである。

官房長官時代の菅氏を見ていても、話がうまくないことはわかっていたが、ここまで答弁能力のない人だとは誰も思わなかった。ほとんどの人が驚いたのではないだろうか。

安倍政権が力を入れた「マスコミ支配」の影響で、最近の記者会見は総理であれ官房長官であれ、以前よりも楽になっている。質問は事前に提出させ、鋭い質問が出ないようにコントロールする。さらに一人一問しか質問できないようにしているので、どんな答弁をしても、無事に会見を終えることができる。質問に対して「回答は控える」「ご指摘は当たらない」など、事実上何も答えてなくても、それ以上深掘りする次の質問をできないからである。

しかしこれだけコントロールされた記者会見であっても、菅総理は全然まともに答えられていない。的を外した答えをする場合も多いし、さらには言い間違いや言い淀《よど》み、滑舌の悪さも甚だしい。

特に際立っていたのが、21年1月8日のテレビ朝日「報道ステーション」でのインタビューだった。そもそもこのインタビューは、生放送ではなく録画だった。菅総理側の意向を反映させたか、番組側が菅氏の無様な姿が映らないよう忖度《そんたく》し、編集可能な録画にしたかのどちらかであろう。報道ステーションは、テレビ朝日の早河洋《はやかわひろし》会長・CEOが安倍前総理とべったりだった関係で、政権に忖度する番組へと成り下がっている。スタッフたちは自虐気味に「忖度ステーション」と呼んでいるほどだ。その日のインタビューでは、富《とみ》川悠太《かわゆうた》アナウンサーや足立直紀《あだちなおき》政治部長が、菅氏を必死にフォローしながらインタビューを進めていたことにネット上で批判が集まっていたが、私は別の点に驚いた。

あれほどテレビ局側が必死に持ち上げようとしても、持ち上がらない菅総理の姿に、心の底から驚いたのだ。菅氏の目は泳ぎ、おどおどしていて覇気がなく、見ていてかわいそうに思うほどだった。受け答えはピンボケで、言い間違え、言い淀み、さらにはなかなか言葉が出てこない。そして、中身もない。菅氏がしゃべればしゃべるほど、国民の心に安心を届けるどころか、不安を生んでしまった。

「裏方番頭」が一国の総理となるには、やはり無理があったのだ。

「改革する自分」に酔うナルシスト

さらに菅氏には、攻撃的で「改革する自分」、「官僚や前例主義と戦う自分」に酔うナルシストという面が際立つ。菅氏の頭にある官僚のイメージは「天下りや省益にこだわり、やるべき改革を邪魔する悪玉」というものなのだろう。そうした「官僚＝悪玉と戦う自分」は「正義の味方」というイメージを頭の中に描いていることは、随所から伝わってくる。

菅氏の著書『政治家の覚悟』（文春新書）にも、第1次安倍政権で総務大臣を務めていた06年9月、NHK改革の担当課長をクビにした話が出てくる。担当課長は記者懇談の場で、「（菅）大臣はそういうこと（受信料の2割値下げ）をおっしゃっていますが、そう簡単ではない」と漏らした。このくらいの発言は霞が関ではよくあることだが、この発言を聞いた菅氏は怒り、その担当課長を更迭した。総務省幹部は「そこまで厳しくするのはいかがなものか」と宥《なだ》めたが、耳を貸さなかったという。更迭したとき菅氏は「課長を飛ばしたよ、飛ばしてやったよ」と興奮して話していたとも伝えられている（21年1月17日、朝日新聞デジタル）。

省庁の人事権は閣僚が持つと法的に定められているが、それまでの多くの大臣は、その権力をほとんど行使しなかった。菅氏は「権限は使わないと意味がない」、「これまでのだらしない政治家と俺は違う、相手が言うことを聞かないならクビにする。官僚たちに抵抗されても果敢に戦う俺は格好いい」と考えているのであろう。それによって、抵抗している官僚を見るだけで燃える、という変なバイアスもかかっている。しかもそれは官僚たちに知れ渡っているので、これから菅氏に抵抗しようとする官僚は出てこないだろう。

悲しい宿命の「改革できない改革派」

「改革派」を気取る菅氏だが、政権に就いてから半年の間にどんな改革を成し遂げたのか。今のところ思い当たるのは、ハンコ撲滅に取り組んだことくらいだろう。携帯電話料金の値下げはある程度実現したかに見えるが、実はこれは、改革でも何でもない。今のところ値下げ競争で優位に立っているのはＮＴＴドコモだが、ドコモは20年末にＮＴＴ本社の完全子会社となった。一方、政府はＮＴＴ本社の株の3分の1を保有し、その役員人事も政府の認可事項だ。政府の言うことを聞かなければ、社長はクビである。そんな企業に菅総理は値下げしろと事実上命令した。実現できない訳がない。ドコモが値下げするとわかったら、ＫＤＤＩもソフトバンクも対抗値下げするしかない。「競争」により値下げを実現すると言うが、事実上、政府の規制権限を振りかざして強制しているだけのことだ。そこには知恵も戦略もないではないか。

携帯電話料金の値下げは国民受けするし、規制権限で首根っこを押さえる企業3社が相手になるだけだから、ある意味容易なタマである。それに比べて、同じ公共料金である電力料金については、菅総理は指一本触れようとしない。電力会社の利権に手を付ければ、自民党の商工族のドンたちが黙っていないのと、電力関連の経団連企業も大騒ぎとなることがわかっているからだ。

考えてみれば、第2次安倍政権と同様、菅氏に大きな改革ができないことは、政権発足時からはっきりしていた。無派閥で党内基盤がほとんどなかった菅氏が総理になれたのは、自民党内の主要5派閥が菅氏を推し、しかも党員投票を省略して、派閥の領袖《りょうしゅう》の談合だけで総裁を決めたからだ。派閥の親分たちは、対抗馬である石破氏より菅氏の方が御しやすいと考え、菅氏を選んだ。菅氏は、無派閥だから派閥にとらわれない政治ができると胸を張ったが、実は誕生の瞬間から派閥の意向には逆らえない構造となっていたのだ。

「3老」が呼ぶ日本の禍

あるベテランの政治部記者は、菅氏を支えるのは「3老」だと評した。二階俊博幹事長、参院のドンと呼ばれる青木《あおき》幹雄《みきお》自民党元参院議員会長、そして森喜朗《もりよしろう》元総理の3人だ。二階氏が幹事長として自民党全体に目配りし、青木氏が自民参院を、そして森氏が最大派閥の細田《ほそだ》派を抑えてくれるから、菅政権は安定しているというのだ。

それを示唆する出来事として、森氏の東京オリンピック・パラリンピック競技大会組織委員会会長辞任騒動があった。森氏の女性蔑視《べっし》発言が報じられた際、菅総理は森氏に頭が上がらず辞任勧告という鈴をつけられないまま、ずるずると8日間も傍観した。この間、森氏の居直り発言で事態は大混乱に陥り、世界中に日本の後進性をさらけ出して東京五輪のイメージを決定的に傷つけた。

森氏は01年の総理退任後も、自民党清和会《せいわかい》（安倍、福田、小泉など、近年最も多く総理を出している最大派閥）のドンとして権勢を振るっている。彼のご機嫌を損ねて「菅降ろし」などが始まったら大変だということで、すぐには動けなかったのだ。

そんな菅総理を見て、不安に思うことが二つある。一つはＧｏＴｏ事業だ。２月に入り、緊急事態宣言下であるにもかかわらず、二階幹事長や赤羽《あかば》一嘉《かずよし》国交大臣が「地域限定で再開することもありうる」と、ＧｏＴｏトラベルの早期再開を示唆する発言を繰り返した。ＧｏＴｏトラベルは二階幹事長肝いりの政策だ。そして、二階幹事長は前述の「菅政権を支える3老」の一人。第四波が燃え盛るうちは難しいだろうが、仮に少しでも感染が下火になる兆候が見えれば、3老の一人である二階氏が、地域限定でＧｏＴｏトラベル再開を主張する可能性は高い。その時、菅総理がストップをかけることはできないのではないだろうか。

もう一つは五輪開催の強行突破だ。本来なら、開催の可否は感染状況を見極めながら、冷静に判断すべきである。だが、森氏は「何があっても五輪をやる」という姿勢を変えていない。国会議員引退後も、五輪納入業者などから年間６０００万円もの献金を集めるなど、五輪ビジネスは森氏にとって一大利権であり、権力の源泉となっている。今回、森氏は辞任したが、後任には森氏の「娘」と自ら公言する橋本聖子《はしもとせいこ》前五輪担当大臣が就いた。彼女も清和会メンバーだ。彼女は閣僚であったので、その辞任については当然、菅氏が了解した。さらに菅氏は、後任の五輪担当相に丸川珠代《まるかわたまよ》元五輪担当相を登用。彼女も清和会で森氏の子分。これらの対応は、森氏の五輪利権には指一本触れませんという宣誓である。

もちろん、菅氏自身にとっても政権浮揚のために五輪開催は最優先事項だ。しかし、コロナ蔓延下で強行すれば、国民の怒りが爆発するという状況になって、五輪を諦《あきら》めようと菅氏が考えたとしても、菅降ろしを防ぐために森氏の意向を優先せざるを得ないという場面が来るかもしれない。森氏が「五輪を諦めた」と自ら口にしない限り、五輪開催に突っ込んでいくしかないのだ。

菅総理は無派閥ゆえに政権基盤が安定せず、「３老」に頼らざるを得ない。その結果がＧｏＴｏ強行と五輪強行突破でコロナ変異ウイルス蔓延による第四波の爆発ということなら、国民にとってこれほど不幸なことはない。

第6章　菅政権の迷走——パンケーキを毒見する

6―1　菅総理が掲げる「グリーン」と「デジタル」への不安

スカスカの頭で決めた「50年カーボンニュートラル」宣言

私が「菅総理にはビジョンがないな」と最も強く感じたのは、彼が自民党総裁選の公約を発表した時だ。当時から、世界はコロナ後を見据えた経済復興策を競い合っていた。先進各国はもとより、新興国も次々に国民に新たなビジョンを示す。それらすべての国が掲げる二つのフレーズが、「デジタル」と「グリーン」だった。

ところが菅氏の公約には、デジタル庁創設など「デジタル」の柱は入っていたが、「グリーン」あるいは「地球温暖化対策」という柱はなかった。これを見た私は驚いた。この柱なくして、日本の経済社会の将来像など描けるはずがない。世界中で日本だけが、その重要性を認識していないリーダーをトップにしたということだ。その後も菅氏が強調するのは、ハンコ撲滅、デジタル庁、そして携帯電話料金値下げくらいで、「グリーン」の言葉はなかなか出てこない。しかし菅氏は、総理就任から約40日ほど経った20年10月26日、国会での所信表明で突然こう宣言した。「菅政権では、成長戦略の柱に経済と環境の好循環を掲げて、グリーン社会の実現に最大限注力してまいります」「我が国は、２０５０年までに、温室効果ガスの排出を全体としてゼロにする、すなわち２０５０年カーボンニュートラル、脱炭素社会の実現を目指すことを、ここに宣言いたします」

この菅氏の豹変《ひょうへん》は、彼が「グリーン」の重要性を悟ったからではない。ではなぜ、突然に宣言したのか。一言で言えば、単に追い詰められたからということだ。

まず、世界中が「グリーン」を合言葉に成長戦略を推進しているのに、日本だけがそれをやらないことにより、日本企業が世界でビジネスをできなくなりつつあるというのが大きい。例えばアップルは、納入企業にカーボンニュートラルを求めている。これを日本企業が達成しようとすると、再生可能エネルギー（再エネ）由来の電力を使用することが必須《ひっす》になる。ところが日本では、再エネ電力を買いたくても、そもそも再エネの発電が少ない上に価格が高い。さらにグリーン電力認証も遅れているため、日本に工場を置くと、アップルなどの要求に応《こた》えることが非常に難しいという問題が生じてきた。また、世界の機関投資家、特に大規模な公的年金基金がＥＳＧ投資（環境・社会・企業統括に配慮している企業を重視・選別して行う投資）の基準を厳格化していて、日本企業にもその波が押し寄せている。このため、今や経団連でさえ、再エネ推進やそのための規制緩和を政府に要望し始めた。菅政権としても、このまま手をこまぬいているわけには行かなくなったのだ。

また、先進国が次々とカーボンニュートラルの実現時期を宣言する中、日本は50年までに80％削減としか約束していなかった。日本だけがいつまでもカーボンニュートラルの実現の目標年次を言わないことに対して、国際社会の批判が強まっていたという事情もある。直前には、ついに温室効果ガスの最大の排出国である中国までもが、60年ゼロの宣言を行い、もはや日本が沈黙を続けるわけにはいかなくなった。

19年、小泉進次郎《しんじろう》環境相が国連で大変な赤っ恥をかいたのは記憶に新しい。日本の石炭火力発電政策の後進性について、海外記者の質問を受け、何の対策もないことを自白せざるをえなかったからだ。

その後、コロナのせいで（おかげでと言うべきか）、リモートの国際会議が増え、これまで閣僚が国会会期中で参加できなかった会議でもオンラインで参加する機会が増えた。ところがあらゆる会議で、グリーンがテーマになり、そこでは、日本だけが幼稚な対策の話しかできない。小泉環境相や梶山弘志《かじやまひろし》経産相なども、恥ずかしくてどうしようもないということになった。

その結果、自民党の政治家たちにも「これは恥だ！」という思いが広がり、さらに日本の産業は取り返しのつかない後れをとることになることにも気付き始めたのだ。こうした話は、小泉氏や梶山氏からも菅氏に伝わったと思われる。

そして最後のとどめとなったのが、当時、アメリカ大統領選挙でトランプ氏劣勢が伝えられ、バイデン氏が勝って民主党政権になれば、アメリカの環境政策が劇的に転換するという未来が見えたことだ。

米国はカリフォルニア州などの先進的な州で、日本よりはるかに進んだ環境規制を実施している。温暖化対策に後ろ向きだったトランプ大統領に代わりバイデン氏が大統領になって、連邦政府が「グリーン推進」を掲げたとたん、米国が一気にこの分野で前に出て来ることは確実だった。日本がそれから慌てて舵《かじ》を切っても、全くついていけないということになる。こうした情勢の中で追い詰められた菅総理は、中身はよくわからないままに「50年カーボンニュートラル」という旗印を掲げることにしたのだ。

しかし、彼の「所信」の内容を吟味した私は、暗澹《あんたん》たる気持ちになった。50年に温室効果ガスを全体としてゼロにするのは、多くの先進国が既に表明している目標だ。問題はその実現方法なのだが、その中身が全くないのだ。先進各国は、例えば非常に厳しい排ガス規制と超過達成クレジット取引、炭素税、石炭火力禁止、排出権取引、厳格な住宅省エネ基準、新車販売助成における厳格なエコカー選別、ガソリン・ディーゼル車販売禁止年次の設定など、具体策を導入しているのだが、菅氏の所信には、これらの具体的政策が全くなかった。書かれているのは、「次世代型太陽電池、カーボンリサイクルをはじめとした、革新的なイノベーション（技術革新）」という、極めて不確実で全く痛みのない、ぬるま湯の政策だけ。これではまず「50年ゼロ」は不可能と言って良い。

さらに驚いたのは、「世界のグリーン産業をけん引し」というくだりだ。日本のグリーン産業は世界から取り残されていることは第7章で詳しく述べるが、太陽光も風力も、日本企業は世界のトップ10にも入れず、ほぼ壊滅状態。今や世界の主流となりつつある電気自動車（EV）でも、何とか世界市場で競争できているのは日産だけ。トヨタはテスラや中国企業などのはるか後塵《こうじん》を拝している。日本が「けん引」するなどと、恥ずかしくてとても口に出せる状況ではない。

しかし菅氏は、そうしたことには無頓着《むとんちゃく》なようだ。21年4月末には、菅氏はさらに一歩踏み込んで、30年の温室効果ガス排出量について、13年比で「46％削減」を目指すとぶち上げた。これまでの目標「26％削減」から大幅な積み増しだが、これもまた、達成への道筋や手立ては全くないままの宣言である。小泉進次郎環境相が、「おぼろげながら浮かんできたんです。46という数字が」と述べたエピソードがいかにいい加減な目標であるかを物語る。

菅氏から見れば「先のことなど知ったことか」ということなのだろう。仮に実現が難しくなった場合には、原発をどんどん動かしてCO2を出さない電力を増やす、と言えば、電力業界や重電メーカーをはじめとした経団連企業に褒められるという計算だけは、経産省から耳打ちされているはずだ。現に、最近は経団連からも、今まではタブーだった「原発の新設」を求める声が、公の会議でも堂々と唱えられている。

期待外れの予感「デジタル庁」

21年5月12日、デジタル改革関連法が成立した。菅政権の目玉政策「デジタル庁」創設法もこの中に含まれる。「新しい役所ができる！」と騒いでいるが、デジタル「庁」は、「省」ではない。またデジタル大臣がそのトップかと思いきや、トップは菅総理で、その下にデジタル庁の担当相を置くことになる。今までとあまり変わらない。そもそも菅総理がトップと聞いただけで、「？？」という反応になるだろう。事務方トップには「デジタル監」という名前のポストを置き、民間人が就任する予定だが、500人規模の職員のうち民間人は120人程度だ。「120人も！」と政府は強調するが、私は逆に「全体の4分の3も官僚が占めれば、お役所仕事になる」と懸念してしまう。

デジタル化で、従来の仕事のやり方や社会の構造を根こそぎ変える仕事をして欲しいのだが、そういうことに一番強く抵抗するのが官僚だ。組織の8割を抵抗勢力にするのは、馬鹿げている。官僚を圧倒的少数派にしなければ、やるべき大改革はできないだろう。

さらに根本的な不安は、デジタル庁創設が目的化していることだ。21年9月に発足させるのも、自民党総裁選に照準を合わせて「デジタル庁ができた！」と成果を強調するため。デジタル化で大きな成果を挙げたという露骨なイメージ作りだ。心配なのはマスコミが既に「デジタル庁フィーバー」の片棒を担いでいることだ。政権発足から半年が過ぎても、デジタル化でほとんど成果がないのに、「デジタル庁9月発足！」、「民間から100人！」「年収1000万超も！」などと騒ぐ。本来は、政権発足一年でやっとそれだけ？と冷静に問うのがメディアの役割であるのに、それは忘れられている。

典型的なのが、新型コロナウイルスの感染者と濃厚接触した可能性を知らせる政府のスマートフォン向け接触確認アプリ「COCOA（ココア）」が、米グーグルとアップルの基本ソフト（OS）の最新仕様に未対応だった問題を巡る報道だ。接触通知が、一部端末に約4か月届いていなかったことをはじめ、障害が相次いだのに、対応が数か月も放置され、21年2月にいたってようやく修正に着手した。平井卓也《ひらいたくや》デジタル改革担当相は「バージョンアップする以前のところ（の不具合）で引っかかっていたので、余裕がなかった」と釈明したが、何か月も対応が放置されていたことについて、責任を厳しく問う報道はなかった。

ちなみに、平井氏は当初、厚労省の発注と管理が悪いと責任転嫁した。国民の命に関わるシステムであるということを認識しているとは思えない無責任な対応だった。平井氏は自民党きっての「デジタル通」だということになっているが、そんなことではデジタル庁ができたところで、トップが菅総理、その下に平井担当相という国民不在の不安な体制となるだけだ。第8章で述べるが、本来は担当相を民間人とし、幹部・管理職を含め、官僚出身者は1割もいらない。スタッフの9割以上を民間人にしなければ、改革などはできないだろう。

問題はそれだけではない。デジタル庁ができることによって、何ができるのかが全くわからないという、本質的な疑問がある。マイナンバーカードで引っ越しの時に無駄な手続きがなくなるとか、健康保険証や運転免許証がマイナンバーカードと一体化するなどというが、そんなことは、デジタル庁など作らなくてもさっさとやっておくべきだった。

そもそも、この先のデジタル化社会の構想さえまだできていない。大きな構想がなくてチマチマした「改革」を並べただけ。ワクワクする話も何もないままだ。大きな構想を示すことができなければ、人材を集める上でも大きな障害になる。ワクワクするような大構想があれば、給料が下がってでも大きな夢に賭《か》けてみたいという、実力もあり高給を稼いでいる人たちが集まってくれるが、それがなければ、箔《はく》付け狙いの小粒な人の集まりということになりかねないのだ。考えてみれば8割がお役人で、彼らを教育、説得しながらデジタル化を進めるのは、気が遠くなる難事業だ。理想に燃えてデジタル庁に馳《は》せ参じても、面倒ばかりでやりたいことができなければ早期退職が相次ぐだろう。

唯一の希望は、これだけ大騒ぎしたのだから菅総理は大きな成果を出さなければというプレッシャーを感じ、それが原動力になって、デジタル庁がなかった時と比べれば、デジタル化の仕事が多少前に進む、というくらいだろうか。そんなことでは、DX（デジタルトランスフォーメーション）の競争に勝つことは不可能だ。せっかく作るのだから、頑張って欲しいとは思うのだが、こう見てくると政権発足後、最大の成果と宣伝される予定のデジタル庁は失敗に終わるのではないかという懸念が強まるばかりだ。

どうやっても日本のＩＴ化が遅れる理由

デジタル庁の人材の話をしたが、日本全体でＤＸを進めるには、デジタル庁に優秀な人材を集めるだけでは足りない。内閣府の20年度経済財政白書によれば、日本でシステム設計や情報処理などを担当するＩＴ人材のうち、約70％がＩＴ産業に集中している。一方、アメリカやドイツではその比率は40％ほどで、残りの60％は金融やサービス、製造業などで活躍している。つまり、日本は米独などと違って、ＩＴ企業の顧客に当たるＩＴ機器・サービスのユーザー企業の中に、ＩＴ専門家が少ないということだ。その結果、企業のＩＴ活用が進みにくいのはもちろんだが、システム構築の際、ＩＴ企業の言いなりになり、非効率で使い勝手の悪いシステムを高価格で導入することにつながる。その結果、日本の民間企業のＩＴ活用は、欧米と比べて非常に後れをとってしまった。

公的機関はさらに深刻だ。白書によれば、ＩＴ人材のうち、国の官庁や教育機関など公的部門に従事する者はわずか１％ほど。アメリカではこれが１割超に及ぶ。ＩＴ化が遅れている日本の民間企業に比べ、政府のＩＴ化がさらに遅れるのは当然なのだ。この状況は地方自治体も同じで、日本経済新聞によれば、１７００余りある自治体の情報主管課の全職員数は約1万１０００人に過ぎない。しかもこの人数は、10年度に比べて25％も減少している。一番大事なＩＴ化がリストラ対象になっていたのだから驚きだ。ＣＯＣＯＡの不具合の一件も、政府の現場に優秀なＩＴ人材がいないため、いい加減な業者を雇って欠陥アプリを高値で売りつけられたと理解すれば、納得がいく。

人材不足が、今後のＩＴ化推進の妨げになるのは確実だというデータは、他にもある。白書によれば、19年の調査では、「人材が不足している」と回答したＩＴ企業は8割に及んだ。さらに、デジタルイノベーションに必要な特定の技術、例えばＩｏＴやビッグデータ、クラウド活用に関するスキルを持つ「デジタル人材」は、3割強しか確保できておらず、ＡＩ（人工知能）の技術を持つ「ＡＩ人材」は1割強しか確保できていない。経産省はＩＴ人材は30年に79万人不足するというデータを出したが、より先端的なＩＴ化を進めるには、この数字以上に厳しい状況になっていると考えるべきだ。このままでは仮に正しい方向でＩＴ化推進の掛け声をかけても、実際には遅々として進まないのは確実だ。

以上の話を聞けば、国を挙げてデジタル化を推進するための最優先事項は、ＩＴ教育の充実、ＩＴ人材の育成だということがわかるだろう。

しかしこれまた困ったことに、その体制は全く整っていない。例えば、高校でプログラミングなどのＩＴ知識を教える専門教員は、ごくわずかしかいない。文科省の19年の発表では、公立高校に一人もＩＴ専門の教員を配置できていない空白県が13もあった。県内に一人も専門の教員がいないというのだから、かなり深刻だ。つまり、プログラミングを履修しないまま「情報科」の単位を取った高校生がかなりの数いるわけだ。

一方、20年度中に小中学校で一人一台のＰＣ配布という目標を掲げた政府だが、ＰＣがあっても教える教師がいなくてはどうしようもない。ＯＥＣＤ（経済協力開発機構）の18年の調査によると、世界79か国の15歳の子どもは、平均65％がデジタルのスキルを持つ教師がいる学校で学んでいるが、日本は20％台と最下位だった。

ここまでＩＴ人材育成が遅れた大きな原因に、文科省などによる不作為がある。安倍政権では首相への「忖度《そんたく》」で、官僚が不正まで起こす「過剰忖度」の問題が起きていたが、ＩＴ政策ではその逆バージョンが起きていたというのが私の見方だ。安倍総理は、ＩＴ化推進を常に掲げていたが、憲法改正などとは違って本気ではない、と官僚たちは安倍氏の「真意」を見抜き、仕事をさぼっていたのだ。私はそれを、官僚の〝逆忖度〟と呼んでいる。

菅政権では、ハンコ撲滅、携帯電話料金値下げなどへの菅総理の熱意は官僚に伝わっているだろう。しかしIT人材の育成という、地味で時間がかかる政策への菅総理の本気度は見えない。成果が見えにくければ、菅氏の当面最大の懸案事項である「21年秋の総裁選での再選」という目標から見ると、優先度が下がるのは官僚にもよくわかる。菅政権でも官僚の「逆忖度」でIT人材育成が進まないことが懸念される。

スイスIMDの調査では、20年デジタル競争力ランキングで、日本は世界27位と、前年の23位からさらに落ちた。今すぐIT人材育成に本気で取り組まないと、日本の地盤沈下はさらに続き、菅政権が掲げる「デジタル化」は絵に描いた餅《もち》に終わることになるだろう。

米100俵よりも総裁選での100票

IT人材不足の問題は、実は教育全般の問題につながっている。25年度から小学校の1学級当たりの上限人数が35人になる。現行の義務教育標準法では、学級人数の上限を小1のみ35人、小2から中3までは40人と定めているが、小学校については21年度以降、小2から毎年1学年ずつ段階的に上限人数を引き下げるための「法律改正」が行われた。25年度になれば小学校全体で35人学級が実現する。

1学級当たりの人数が少なくなれば、普通に考えて、教育の質が上がり、一人一人の個性や学習の進捗《しんちょく》度合に合わせたきめ細かい指導がやりやすくなる。本来は30人くらいにした方が良いのだろうが、とりあえずは大きな前進と言えるだろう（ただし中学校は放置されているので、ここは大きな問題であることには注意が必要だ）。

一方、前述したとおり、全国のすべての小中学校にデジタル端末が配布されるのに合わせて、ＩＴ技術そのものの教育と、教育のデジタル化という両方を進める必要がある。このための質の高い教員の確保が重要課題だ。

少人数学級実現とデジタル化推進のための増員を合わせると、1万3000人の教員が必要になるという。ところがこれとは逆に、教員の志望者は減少しているのが現実だ。19年度実施の小学校教員採用試験の受験者数は、前年度から3000人近く減り、採用倍率は過去最低の2・7倍に下がっている。12・5倍でピークだった、1999年度実施時の4分の1以下の水準というから驚く。それでも2・7倍なら問題ないと思うかもしれないが、掛け持ち受験も多いため、実際には3倍を切ると全員採用とほぼ同じになる。つまり、数を確保するには、質のことには構っていられないという状況なのだ。

こうした危機的状況に対応するために、教職課程を学んでいなくても専門知識を持つ人に、10年間有効な教員の特別免許状を交付する仕組みがあるのだが、88年以降30年以上かけて、採用は1400人程度。これでは焼け石に水だ。

OECDの18年の調査では、日本の小学校教員の1週間当たりの仕事時間は、対象15か国・地域中で最長だった。こうした実態は教員を目指す若者の間でも広く知られており、教師と言えば「ブラック」というイメージが定着している。これでは優秀な人材は集まらない。優秀であればあるほど、他にも良い仕事があるので、わざわざブラックな職場を選ぶ人はいなくなるからだ。

今のところ、菅政権がこの問題について、抜本的対策を打ち出す姿勢は見えない。「百俵の米も食えばたちまちなくなるが、教育に当てれば明日の一万、百万俵になる」と諭した長岡《ながおか》藩の小林虎三郎の話は有名だが、菅氏にそんな考えはないのだろう。秋の総裁選に向けて全力投球の菅総理から見れば、「米100俵」より「総裁選の100票」ということで、目先の成果を追うことしか頭にないのだとしたら、本当に困ったことだ。

6―2　総務省接待疑惑と菅政権の倫理

喜んで接待を受けた官僚たち

21年2月に「文春砲」で暴露された、菅総理の長男・正剛氏らによる谷脇康彦前総務審議官ら、総務官僚の接待事件は、NTT澤田純社長による総務官僚接待、さらには同社長による歴代総務大臣ら与党政治家の接待問題へと拡大していった。「週刊文春」は、発売日前日の毎週水曜日に「文春オンライン」でスクープ報を伝え、本誌でその詳細を伝える。国会では、それをネタに野党が政府を追及するのがルーティン化した。

しかし、贈賄罪も視野に入る案件であるのに、未だに真相は闇の中だ。本件をよく見ると、安倍政権以来続く政治の劣化と政官関係の歪《ゆが》みが、様々な形で炙《あぶ》り出されてくる。そこにはこの事件の特殊性もあるものの、官僚や政治家に共通する問題もはっきり見えている。

まず、正剛氏が大きな役割を果たした東北新社による総務官僚接待だが、メディアや一部の官僚OBなどは、正剛氏の存在が諸悪の根源のように報じている。「首相の長男に誘われたら断れない」「正剛氏から菅氏に、自分の悪口を言われたら、出世に響く」。そんな恐怖感に駆られて、嫌々ながら接待の場に向かったのではないか、という見立てだ。

しかし、私の見方はむしろ逆だ。まず前提として知ってほしいのが、今回のような接待はどの省庁でも起こり得るということだ。現に18年には文部科学省で接待汚職事件があり、局長級の幹部二人が逮捕されている。21年2月25日には、農水省でも贈賄業者から幹部が接待を受けていたことが発覚した。

今回の総務官僚たちは、正剛氏の存在に安心感を覚え、積極的に参加したという面があったはずだ。正剛氏は菅氏が総務相だった06年に総務相の政務秘書官を務めている。総務省の現在の幹部クラスは当時、管理職ポストに就いていたので、大臣室に出入りしていただろうし、中には、その当時から正剛氏と親しかった者もいるだろう。また、総務省は菅氏にとって直轄植民地のようなものだ。今回登場した幹部の多くは、菅氏に引きたてられた官僚だという。菅氏の息のかかった官僚たちと、彼らのことを秘書官時代から知っている正剛氏。私は「菅ファミリー」と呼んでいるが、そうした極めて仲間意識の高いグループ内で起きたのが、今回の接待問題の実態だろう。週刊文春が公開した音声データを聞くと、東北新社側も官僚側も、非常にフランクにため口でやり取りしていることからも、彼らが友達感覚で接していることを裏付けている。官僚の心理としては、仲間意識で気が緩んだという面もあるし、権力者の息子と仲良くなると得だ、うまく取り入って出世したいといった思惑もあったのだ。逆に初めて呼ばれた官僚であれば、菅ファミリーの末席に入れてもらえた、と出世への期待を膨らませたのではないだろうか。

地に堕ちた倫理観

安倍政権で地に堕《お》ちた倫理観を、菅政権も引き継いだのは前述したとおりだが、今回もそれが如実に表れた。会食の事実について聞かれると、とりあえずは「記憶にない」と答え、文春が音声データを公開すると、「思い出した」と前言を翻し会食を認める。さらに、明らかに利害関係者である東北新社を「利害関係者とは思わなかった」と答え、追い詰められると「思いが足りなかった」と頭を下げれば良いという態度をとった。

官僚の感覚では、今回の接待は本来、贈収賄の構図に当てはまる。彼らは、飲食代がかなりの金額になる高級店で接待されていることを認識した上で、「（東北新社の）この人たちなら外部に漏らすことはない」と安心していた。スクープされて振り返ってみると、これは贈収賄だと改めて認識したはずだ。だが、ここで会食の事実を認めると、贈収賄になる可能性があり、また菅総理を巻き込むことになる。菅総理に「忖度」すれば、一番安全サイドをとって、入り口となる会食の事実自体を隠した方が良いと考えたのだろう。

これは、加計学園事件で安倍総理に影響が及ぶことを怖れた柳瀬唯夫・元総理秘書官が、加計学園関係者との官邸での面談の事実を「記憶にない」と否定し、後に証拠が出てきて初めてこれを認めたのと似ている。総務官僚たちはこの時の例を参考にして、「記憶にない」と言っておけば、あとでばれた時に「言われてみればそうかもしれない」と言い換えることができ、責任を問われないと計算していたのではないだろうか。

安倍政権で官僚にも広がった「地に堕ちた倫理観」は、やはり菅政権にしっかりと受け継がれていたのである。

あらゆる省庁に可能性がある接待汚職

今回、東北新社に接待を受けた官僚は、通信や放送行政の中枢を担う旧郵政省出身だった。彼らは放送や通信に関して強力な許認可権を持っている。規制権限を持つ役所と、許認可をもらわないといけない企業だが、旧郵政系が特殊なのは、許認可権で企業を潰す力まで持っているという点だ。力関係で言うと、総務省の方が圧倒的に優位にある。東北新社が手掛ける衛星放送事業などの場合、申請しても認可されないことがある。総務省の裁量の範囲は大きく、官僚のちょっとしたさじ加減で自社の命運が変わるとなれば、東北新社としては役所に対抗するために、菅氏の長男を「切り札」として使おうと考えるのは当然だ。彼を使って幹部に近づき、懇意になって思い切り接待する。官僚側は強い立場にありながら、気付いてみるとなんとなく借りができているという関係だ。これが官僚を籠絡《ろうらく》する接待の手口である。だから、接待は高額であればあるほど良いということになるのだ。

一方、澤田NTT社長による接待では、武田良太《たけだりょうた》総務相の警戒感を弱めるために、NTT社長はJR東海の葛西敬之名誉会長との会談を口実にした。このやり方は、見方を変えれば、菅氏長男を使った東北新社の手口と似ている。

NTTと谷脇康彦前総務審議官らの関係においても、やはり東北新社同様、圧倒的に総務省側が強い。NTTの役員人事は総務省の認可事項だから、澤田社長自身、谷脇氏らの意向によっては自己の地位が危うくなる可能性すらある。ただし総務省にとってNTTは、関連企業も含めて非常に重要な天下りポストを提供してくれる企業なので、単純な支配対象とは言い切れない。持ちつ持たれつと言った方がいいだろう。つまりこれもまた、違った意味での「ファミリー」なのである。それでお互いの脇が甘くなり、気付いてみたら総務官僚にとって、後ろめたさ満載の関係になっていたということだろう。

こうした関係は、強い権限を持つ役所と企業の間であれば、どこでも起こり得る。今回の事件は氷山の一角。他省庁でも必ずこうした不透明な関係が存在していると見るべきである。

安倍総理をマネして「知らぬ存ぜぬ、だから問題ない」

接待疑惑が持ち上がると、必ず問題になるのが「接待が行政に影響を与えたか」という点である。武田良太総務相は「行政が歪められた事実はない」と繰り返したが、そんなことはあり得ない。行政を歪めたという証拠は簡単には見つからないというだけのことだ。

企業が官僚を接待する場合の目的が、「正しいことを淡々とやってください。決して私たちを特別扱いしないでください」という趣旨だと言っても、信じる人はいないだろう。そんな接待なら、そもそも必要ない。行政を歪めて欲しい、少しでも有利な取り扱いをして欲しい、内部情報を自分たちに少しでも早く教えて欲しいなどという理由で企業は接待する。したがって接待はすべて、広い意味での贈収賄の構造にあるのだ。

90年代の旧大蔵省の接待汚職事件などを受け、2000年に、利害関係者からの接待や物品受領を禁じる国家公務員倫理規程が作られた時のことを思い出してみよう。この規程を作る時、世論は非常に厳しい目で官僚を見ていた。官僚も、接待はもちろん、会議で出たお茶を飲むのもダメだろうと真顔で議論したものだ。ところがコーヒーぐらいはいいとなり、弁当も大丈夫だろうと締め付けが緩んでいった。そのタガが決定的に外れたのが、第2次安倍政権のときだ。

学校法人「加計学園」による獣医学部新設を巡り、首相だった安倍氏の関与が取り沙汰《ざた》された。安倍氏は親友の加計学園理事長と一緒に、ゴルフやバーベキューやレストランに出向き、秘書官ら官僚たちも同席した。それを国会で追及されたとき、安倍氏は、「獣医学部新設の計画は知らなかった」と言ったのだ。

加計学園は国家戦略特区の規制緩和で学部の新設を目指していた。安倍総理は国家戦略特区の責任大臣でもあったのだが、その理事長を「利害関係者とは知らなかった」と強弁した。官僚たちは皆驚いたはずだ。利害関係者とのゴルフが割り勘であってもダメだというのは、この世界では常識だが、そのルールを平気で破ったにもかかわらず、「知らなかったから問題ない」と開き直った安倍氏には何のおとがめもなかった。官僚たちは「ああ、それでいいんだ」と気が緩む。今回、官僚たちが「利害関係者だという認識はなかった」という言い訳をしているのは、まさに安倍総理の言い訳をお手本にしている。

泥棒が泥棒を裁くからお手盛り処分

加計学園問題で安倍氏を守った元総理秘書官の柳瀬唯夫氏は次官になれずに退官したが、いまはＮＴＴ本社執行役員など社会的地位の高いポストを複数持っている。次官になれなかったので、安倍総理が柳瀬氏を切ったとも受け取られるが、その見方は正しくない。なぜなら役所の人事は退官や定年で終わりではなく、70歳くらいまで一気通貫で行われるからだ。つまり役所を辞めた後も役所の人事なのだ。今回、菅氏のために処分を受けた総務官僚たちが、21年度の人事で不利益を被ったとしても「いずれ埋め合わせを」ということになる。だからこそ、「何があっても菅さんに迷惑をかけないようにしよう」となるのだ。

当初総務省の処分では、「菅氏に関連するから」厳しい処分はできないという見方があったが、私はそうは見ていなかった。今回に限らず、国家公務員の不正などに関する調査はそもそもお手盛りにならざるを得ない。実際に調査をして処分を決めるのは大臣官房という役所の中枢部局だ。彼らに「厳しい処分をしろ」と言ったところで泥棒に泥棒を捕まえろと言うのと同じで、どの役所がやっても、厳しい処分はできない。その結果、大甘の処分が過去の例として積みあがっている。すると今回だけ厳しい処分をと考えたとしても、公平性という観点が立ちはだかり、突出して厳しい処分はできない。したがって、利害関係者から高額接待をトップクラスの官僚が受けたという事件でも、せいぜい減給（国家公務員法上は、４段階の正式処分のうち、免職、停職に次ぎ3段階目の処分）止まり、谷脇総務審議官の場合には二度目のＮＴＴ接待でも停職で済んでしまった。

では、菅氏が「処分を甘くしてほしい」と思っていたかと言えば、そうではない。むしろ厳しくするよう指示をしていたはずだ。菅氏としては、自分に火の粉が降りかかることを一番避けたい。あくまで総務省内の問題だということにすれば、官僚は処分されても長男にまでは及ばない。仮にこれが贈収賄事件に発展すれば、長男が捕まるかもしれない。菅総理にとっては致命傷だ。だから、とにかく総務省内の問題にとどめるために、官僚の処分は厳しくした方が良い。しかも早い方が良い。それによって何とか世論の批判を鎮静化して幕引きを図る。おそらく、そう考えたはずだ。ただし、菅ファミリーの官僚にあまり冷たくしたとなると、残された菅ファミリーの官僚や一般官僚の菅氏に対する不信が高まる可能性もある。それを防ぐためには、辞めたり処分されたりした官僚をしっかり処遇し、処分されてもその後の処遇を含めて考えれば、十分ペイするということを示す必要がある。柳瀬氏がＮＴＴに天下っていることは、その意味で、処分を受けた官僚から見れば朗報だろう。自分たちも同様に処遇されると期待して良いという根拠になるからだ。

ちなみに、私は、毎日新聞のインタビューで、谷脇氏は定年退職を待たずに退官したが、柳瀬氏の例でもわかるとおり、ほとぼりが冷めれば必ず日の当たる優良天下りポストに就任するとも予言しておいた。官僚たちが谷脇氏の天下り人事について、固唾《かたず》を飲んで見守っていることを、菅総理は誰よりもわかっているからだ。

第三者委員会で「調査中だから答えない」

武田総務相は、総務省職員１４４名について、弁護士などを入れて省内で調査を進めるとともに、東北新社の件で行政が歪められることがなかったかを調査する第三者による検証委員会を設置した。しかしこれらの調査で、同省の膿《うみ》を出し切ることはできない。とりわけ行政が歪められたかどうかは、贈収賄と直結する問題だけに、強制力を持たない組織で全容を明らかにすることは不可能だ。もちろん、「正剛氏の影響で東北新社の外資規制違反が不問に付された」などという報告が出る可能性は、１２０％ないと考えておくべきだ。

実はこうした第三者委員会を設けるのは、有害ですらある。なぜならこれらの委員会を設けるのは、国会などで追及された時に「ただいま調査中」という理由で質問への回答を拒否したり、先延ばししたりするのが目的だからだ。菅政権としては、21年通常国会の会期末までの約3か月間をこのセリフで逃げ切ろうという算段なのだ。国会が終われば、大した問題はなかったとか、よくわからなかったという報告書を出す。世論の批判があっても、国会で追及がなければ、ほどなくこの問題は埋もれていく。発表の時期は、オリンピックが開催されれば、その開会式の日か開催中。五輪なしの場合は、8月のお盆休みの最中などになるであろう。報告が遅いという批判が高まった場合は、それより早く、何か大きな事件や事故があった時などに合わせて発表するはずだ。

いずれにしても本件は、秋までには人々の頭から消え去り、衆議院選挙が終われば、NTTに接待を受けていた歴代総務相の野田聖子《のだせいこ》、高市早苗《たかいちさなえ》、武田良太各氏らは、晴れて禊《みそぎ》を済ませたということになる。このような不祥事について本当にしっかりとした調査をしたいのなら、日弁連（日本弁護士連合会）に委託すべきだと思う。それぐらいのことをしなければ、真の第三者性を担保することはできない。

山田真貴子内閣広報官辞職で見えたもの

総務省の総務審議官時代、一晩で7万4000円という最高額の接待を受けていた山田《やまだ》真貴子《まきこ》内閣広報官は、月額給与の10分の6を自主返納する一方で、当初は辞任を否定した。山田氏は夫も総務省の官僚で、二人の年収を合わせれば4000万円超。それで月額の一部を返納すると言っても、痛くもかゆくもないだろう。私はこの時、メルマガなどで、山田氏は内閣広報官を即刻辞めるべきだと発信した。それは、総務審議官だった時に東北新社から接待を受けていたことの責任に加え、女性活躍のシンボルであった彼女を「内閣の顔」として置くべきではないと考えたからだ。山田氏については、「飲み会は断らない」という時代錯誤の発言を若い世代に伝えていたことが明らかになった。夜の会食や宴席じやないと話ができない、というのはあまりにも古い体質だ。そういう文化に順応することが出世の道だと公言しているようなもので、セクハラ、パワハラ助長発言と言われても仕方ない。若手官僚は、残業だけでも疲弊している。それに加えて夜の会合を断るなというのは、とりわけ子育て世代にとっては「ふざけるな」ということになるだろう。働き方改革や若手登用の障害になる発言だ。しかも利害関係者から賄賂まがいの接待を受けたとなれば、こんな官僚を起用し続けるのは、内外にマイナスのイメージを発信することにしかならない。女性蔑視《べっし》発言で世界中から袋叩《ふくろだた》きに遭い、ようやく辞任した森喜朗前東京オリンピック・パラリンピック競技大会組織委員会会長のことを思えば、すぐに退任すべきだった。

結局山田氏は、国会で追及されてしどろもどろとなり、予算委員会の審議から逃げるため辞職した。民間人になれば、国会の参考人招致を断わることができることを狙った辞任劇。「口封じ」という批判の口実を野党に与える辞め方は、最悪だった。

それにしても、最初の段階で山田氏を辞職させなかったのは何故だろう。今回の失態で明らかになったのは、官邸官僚がほとんど機能していないということだ。やはり、今井秘書官のように総理に直言できるスタッフがいないというのが致命的だ。良くも悪くも、官邸官僚の質が政権の出来を左右するということが示された事件であった。今井氏や内閣広報官を務めた長谷川榮一氏は、この事態をどう見ていたのか、聞いてみたい。

「干からびたパンケーキ」を守る官邸官僚

菅政権の業績が全く上がらないことは縷々《るる》述べたとおりだ。菅総理になってから、何か政策的な成果があったかと言われて、具体的に答えられる人はいないのではないか。せいぜい、役所のハンコ撲滅の推進、携帯電話料金値下げくらいだが、前述したとおり、いずれも大きな話ではない。まだ期間が短いから結果が少ないのはやむを得ない面もあるが、大きな問題に手を付けるくらいのことはしたかというと、これもほとんど思いつかない。

そして菅氏本人が、最優先課題として挙げた新型コロナ感染症対策について見れば、はっきり言ってどこから見ても落第点だろう。ＧｏＴｏ事業にこだわり感染拡大に拍車をかけ、二度目の緊急事態宣言も発出は遅れ、解除は早過ぎた。変異ウイルスの感染拡大で第四波が到来して三度目の緊急事態宣言に追い込まれても対策は小出しで、しかも何ら進歩がない。

そして、この間、菅氏を支えるはずの官邸官僚たちの姿は全く見えてこない。いったいどうしたことなのか。

だがよく考えてみると、何の不思議もない。例えば杉田官房副長官はじめ、公安警察官僚たちは、ゴシップ情報集め以外、安倍政権でも何の成果も出していなかった。菅政権でも、おそらく菅氏が気に入らない官僚に関する情報集めなどでは活躍しているのであろう。だが元々、本来の政策に関してはほとんど知識もないし企画立案する能力もない人たちだから、新たなコロナ対策を考えろと言っても無理な話だ。

各省庁から出向した官僚はどうかと言えば、これも安倍政権時代から、何か政策で成果を出してきたわけではない。ただ今井秘書官の言いなりになって、経産省を中心に、国民に面白がってもらえるパフォーマンスネタを作ることや、景気が良くなっているという偽データ作りなどに協力していただけだった。コロナ対策では、今井秘書官も含めて失態続きで、何の成果も挙げていない。安倍総理時代は、中身がなくても気合で演じ切る役者としての安倍氏がいたが、今は最低最悪の大根役者の菅総理しかいないから、政策の中身がないことを隠すパフォーマンスも打ち出せない。八方塞《ふさ》がりな状況だ。喩《たと》えて言えば、政権発足当初活躍した「パンケーキ」も、ド派手に山盛りにしたホイップクリームのトッピングはドロドロに溶けて流れ落ち、ふわふわに見えたパンケーキも実は中身はスカスカで、時間が経った今では干からびてカチカチ。どうやっても美味《おい》しそうに見せることはできないというところだろう。

官邸内の話を聞くと、菅政権の総理秘書官たちの最大の仕事は何かと言えば、なんと

「国会で菅総理を守ることに尽きる」ということだった。つまり、我々国民のために菅総理を支えてくれるはずの官邸官僚たちは、国民のことはそっちのけで、菅氏の権力を守ることだけに徹しているということだ。何たる本末転倒。官邸は完全に迷走状態。それがやがて暴走となり、日本国民に大きな災いをもたらす日が来る。そんな懸念が募るのである。

菅政権を支える国対談合政治

官邸がそんな状況であれば、菅政権打倒は容易だということになりそうだが、その割には21年通常国会では、補正予算が修正なしで通り、特措法改正も順調に成立。総務省や農水省スキャンダルが発覚したのに、21年度予算は審議も止まらず年度内に成立した。菅政権の目玉、デジタル改革関連法案も異例の早期審議で順調に成立の運びとなった。完全な無風国会で菅政権はまるで盤石の態勢にあるようだ。

これはどういうことなのか、古参の政治部記者の話は、私の推測と完全に一致した。

20年末、菅政権の支持率が下がって、菅降ろしの声が広がり始めた。下村博文《しもむらはくぶん》自民党政調会長が、4月25日の補欠選挙に連敗すれば政局だ、と発言したのを覚えているだろうか(発言当時は広島の再選挙が予定されておらず、北海道と長野の二つの衆院補欠選のみだった)。

しかしその後、野党の支持率が上がらないことや内閣支持率も下げ止まったことで、政局は「結局はコロナ次第」という雰囲気になった。昨年の国会もそうだったが、現在国会はすべて自民党の森山裕《もりやまひろし》国会対策委員長が仕切っている。自民党国対筋の話では、立憲民主党の枝野幸男《えだのゆきお》代表はほとんど能力がなく、福山哲郎《ふくやまてつろう》幹事長も役立たず。唯一、安住淳《あずみじゅん》国対委員長が使えると見られている。ただしそれは、自民と裏取引ができるという意味で、野党のためになっているかというと全く違う。

立憲民主党は、国会で菅政権批判ばかりしていると、かえって支持率が下がるのではないかと怖がっているが、かといって政策論をしていても埋没するだけというジレンマに陥っている。そこで、自民森山氏が助け舟を出して、立憲の顔が立つような見せ場を折々に作る代わりに、国会審議は与党のやりたいようにやらせてくれ、という話になっているようだ。例えば補正予算案では、菅総理がこだわるＧｏＴｏキャンペーンの予算を入れたが、これは国民から見れば大きな疑問だった。ここを突かれて「万一これを修正しなければ、審議を止める」ということになれば、与党はかなり困る。そこで立憲に大きな餌を投げた。それは、感染症法とコロナ特措法の審議で野党の修正案を出させて、それを与党が飲むという芝居を仕組むことだ。前述のとおり、感染症法と特措法の改正では、休業命令違反や入院措置拒否に対して当初は刑事罰が規定されていたのに、野党の要求で刑事罰を行政罰の過料に修正した。立憲民主党の安住国対委員長は政府案を「修正させた！」と胸を張ったが、完全な出来レースだったわけだ。実は菅総理も最初から「野党の声にも耳を傾ける」と言っていたので、私もそれを予測していたが、やはりそうだったのかと納得した。もちろん補正予算は修正なし、つまりＧｏＴｏ予算を含んだまま、あっという間に成立してしまった。

さらに驚いたのは、橋本聖子前五輪担当相が東京オリンピック・パラリンピック競技大会組織委員会会長に就いた時の離党問題だ。当初橋本氏は、自民党を離党しないと言っていたが、その後野党の批判を受けて離党した。この時実は、森山氏から安住氏に人を介して、「騒いでいい」というサインが送られたそうだ。安住氏らが先頭に立って批判した結果、橋本氏が離党という形を作った。安住氏の「実績」作りに森山氏が協力したという構図だ。こうした取引のせいか、予算案の衆議院審議では終盤に総務省疑惑が出たにもかかわらず、野党はあっさりと採決を認めた。本来は、この問題で審議を止めるのは簡単だったはずだ。非常にわかりやすい話である上に、菅総理の長男が絡んでいて、しかも総務官僚が嘘をついたりしたのだから、審議が遅れても国民が強く批判するとは考えられなかった。しかしここでも、菅総理出席の集中審議をして、野党側に思い切り菅批判の見せ場を作り、それと引き換えにすんなりと衆議院で予算を通すということになった。その結果、「参議院で審議が遅れても30日経過すると4月1日を待たずに予算が成立する」という憲法の規定で、参院は消化試合となり、野党が菅政権批判を繰り広げても、与党は余裕しゃくしゃく。結果から見れば無風国会となっていった。

ちなみに参議院ではいまだに、自民党の元参院議員会長・青木幹雄氏の影響力が大きいのだが、それもあって森山氏はたびたび青木氏の下を訪れている。しかも驚くことに、森山氏と立憲の安住氏が連れ立って青木氏のところに相談に行ったこともあるというのだ。これが本当なら安住氏は国対委員長即辞任という話だ。さすがにこの話は眉唾《まゆつば》だと思いたいが、国会での動きを見ていると、それもありそうな話だと思えてくるところが悲しい。

安住氏を擁護する記者からは、安住氏は現実主義でうまく自民党と駆け引きをしている、自民側も非常に怖がっている、19年末に森山氏と二階氏が安住氏と会食をしたが、自民がいかに安住氏を重視しているかがわかるという話もあった。しかしその後の国会を見れば、安住氏は自民党の応援団になっているのが実態だ。自民党には森山マジックだ、と言う議員さえいる。

安住氏の選挙区（宮城5区）に、自民党は次期衆院選で、元タレントの森下千里《もりしたちさと》氏を立てるが、名古屋出身の「よそ者」森下氏では、相手にならないという見方が強い。森下氏で話題ができれば、逆に安住氏にも注目が集まると、森下氏を引き立て役として立候補させたとも言われるが、これもまたうなずける話だ。

現場では頑張っている立憲議員も多い。彼らの中には、枝野・福山・安住の執行部トリオがいる限り、立憲に春は来ないと明言する者が多いが、執行部の独裁体制で声を上げる者はいないそうだ。与野党ともに独裁が進む日本の政治に、明日はあるのだろうか。

第7章　のっぴきならないほど落ちている日本の国力

斜陽日本　これでもかというほどの真実

7年8か月にわたる第2次安倍政権の下で、日本経済は復活したと言われる。株価が上がったというのが最大の謳《うた》い文句だ。確かに株価は上がった。菅政権でも上昇基調が続き、ついに30年ぶりに日経平均株価が3万円の大台に乗ったと大騒ぎになった。また、地方都市でも地価が上がり、地域活性化が進んでいるというイメージも拡散した。しかしひとたび世界から日本を見ると、全く異なる景色が見える。ジャパン・アズ・ナンバーワンと言われた日本企業の地位も激変した。ここでは、そのエッセンスだけを紹介しよう。

日本は、今も米中に次ぐ世界第3位の経済大国である。だがその地位は急速に低下している。1990年の日本のGDPは3・13兆ドルで世界2位。断トツの首位米国の52%、つまり約半分もあった。第3位のドイツと比べると1・96倍であり、つまりドイツは日本の半分でしかなかった。一方、中国に比べるとその7・86倍と、圧倒的に日本が上だった。

それが2010年になると、日本のGDPは5・70兆ドルに拡大したが、中国に抜かれ世界3位に転落。12年には6・20兆ドルと、ドルベースで見たピークをつけるが、その後は、円ベースで増えてもドルベースでは減少傾向で、20年には5・05兆ドルで米国の24％、つまり約4分の1、中国の34％、約3分の1でしかない。ドイツは日本の75％、4分の3というところまで追い上げてきた。世界経済における日本の地位は下がったのだ。

もちろん、経済規模が大きければ良いということではない。国民の豊かさを測る尺度として一番良く使われる一人当たりのGDPで見ると、残念ながら、日本人はかなり貧しくなっている。日本はこの指標で、1990～2000年は2位から9位と、常にベスト10位内だった。しかし20年は、世界23位まで落ちている。G7の中で日本より下にいるのはイタリアだけだ。もちろん、上位にはアメリカの他、欧州の国が多い。

それでも、アジアではまだまだ断トツ1位の裕福な国だと思う人もいるかもしれないが、実は、アジア（中東まで含む）では5位だ。世界8位のシンガポール、11位のカタールは、日本よりも3～4割以上高い水準で、その後には香港、イスラエルがいて、その下に日本である。

日本が貧しくなったと言ってもピンと来ないという人には、私はこういう例を出して解説している。日本ではほとんど賃金が上がっていない。途上国の追い上げがあり、トヨタなどの輸出企業は、競争のために労働者の賃金を下げたかった。そこで日本政府は、請負、派遣などの規制を緩めて、実質的な賃金切り下げ政策を採った。しかし、それでも日本企業は競争に負けて、電機産業は壊滅寸前となった。そこで政府が採ったのが、円安政策だ。円で見れば同じ賃金でも、国際比較のためにドル建てで見れば、円安によって日本の労働者の賃金は国際的には安くなる。例えば民主党政権の時１ドル80円だったのが、安倍政権になって一時１２０円まで円安になった。民主党政権の時に時給８００円で働く労働者の賃金は、１ドル80円で時給10ドルだ。一方安倍政権では、１ドル１２０円換算で時給６・７ドル。時給10ドルだったのに６・７ドルまで、３分の１も下がったのだ。アメリカの自動車産業は、日本は労働ダンピングで輸出攻勢をかける卑怯《ひきょう》な奴らだと見ていた。

　一方、日本の輸出企業は円安で大喜びした。例えば１台３００万円の車を80円換算で３万７５００ドルで輸出していた自動車メーカーは、同じドル価格で車を売っても、１ドル１２０円なら手取りは４５０万円になる。原価が２５０万円なら、利益は50万円から２００万円になる。一挙に４倍だ。だから、輸出大企業の株は上がった。株を持っている富裕層は儲《もう》かって、高級時計やリゾート会員権が飛ぶように売れたのはこのためだ。

　一方、円安で輸入品は高くなる。小麦が上がってパンや麺《めん》類が高くなった。もちろんガソリンも高くなる。給料は上がらないから、円安で庶民は損をしたのだ。こうして、自民党と財界による円安賃金切り下げ政策は、日本国内の格差拡大にも大きく「貢献」した。

「日の丸」産業の凋落は目を覆うばかり

90年頃までの日本製造業は、「飛ぶ鳥を落とす勢い」という言葉がぴったりだった。日本の黄金期の産業と言えば、電機産業。テレビ、白物・黒物家電、液晶パネル、パソコン、携帯電話、半導体、太陽光パネルなど、「日本製」の機器は「高性能で壊れにくく、それでいて価格がリーズナブル」と三拍子そろった優等生だった。ソニーと言えば先進的な電機製品の代名詞として、世界で通用した。テレビの中心的部品である液晶パネルにおいても、90年代まではシェア上位10社のうち、4社から5社は日本企業だった。トップの指定席にはシャープが君臨し、液晶のシャープとも言われていた。しかし、今はほとんど見る影もない（シャープは台湾企業になってしまった）。先日はついにパナソニックが液晶パネル事業から撤退した。現在は、液晶に代わって有機ELテレビの時代だ。家電量販店では、有機ELの美しい画面のテレビが高値で売られているが、テレビ向けの大型有機ELパネルは日本では生産されていない。というより、作れないのだ。ほとんどがLG製で一部サムスンが入っているが、いずれにせよ韓国企業のものだ。今や海外で日本のテレビを買う人はほとんどいない。

加えて冷蔵庫、洗濯機、エアコン、掃除機といったいわゆる白物家電。現代の日本人の感覚では、半ばレトロな製品との感覚があり、そんな分野は取り立てて問題にするほどのことではないという声もあるだろう。ただ最近は、日本の家電メーカーも高付加価値路線に転換し、それなりの経営資源を投入して中国市場などに参戦している。普及品は世界では中国家電大手のハイアールが非常に強いが、ハイグレードな家電製品は、分野が限定されるものの、ダイソンなどの欧州メーカーも世界市場で存在感を見せている。総合家電メーカーとしては、中国のハイセンスあたりが最先端ということになっていたが、最近は韓国のLGが一段上を行く最高級路線で一気にブランドを確立した。普及品でも洗濯機40～50万円、冷蔵庫70万円といったラインナップだが、LGの高級ブランド「Signature」は、次元が違う。欧州では量販店では売らず、デパートとネットのみの販売。デザインは日本製など全く足元にも及ばず、しかも先進性も半端ではない。日本メーカーが作れないものを売っている。巻き取り式の有機ELテレビはその典型で、価格900万円だ。日本メーカーには溜息《ためいき》しか出ないだろう。

パソコンも、世界中で販売されている日本製品はほとんどない。日本メーカーのパソコン部門はほぼすべて海外企業に買収されている。ブランド名は維持して販売されているので気付かない日本人が多いだけだ。

DXのカギ「半導体」完敗

ポストコロナに向けた世界各国の成長戦略の柱はデジタルとグリーンだということは前章でも述べたが、猫も杓子《しゃくし》もデジタルという世界になれば、半導体への需要が急増する。案の定、20年後半から、半導体が不足し始めた。

その影響は特に自動車産業にとって深刻だ。21年に入ると、世界の自動車メーカーは半導体不足で生産を止めるところが続出した。ひと昔前なら、世界中のメーカーが日本の半導体メーカー詣《もう》でに来ていただろう。だが、今自動車メーカーのトップが向かうのは、台湾の半導体受託生産大手のTSMC（台湾積体電路製造）である。半導体産業では、工場を持たず生産を他社に委託する企業と、他社から受託して生産するファウンドリと呼ばれる企業とに形態が分かれるが、両者を合わせた総合シェアでは、日本企業はベスト10から姿を消した。ファウンドリを除いても、東芝系のキオクシア1社しか残っていない。

半導体メモリーでは日本が5割以上のシェアで世界をリードしていたが、今や最も核となる微細化競争で、ＴＳＭＣや韓国のサムスンに大きく水をあけられた。もはや巻き返しの望みもない。最近もパナソニックが工場を台湾企業に売却した。

こう言うと、半導体の最終製品では負けたが、半導体製造装置や素材部品では日本は強く、世界の半導体メーカーは日本なしではやっていけないという反論をする人がいる。

こうした考えを持つ経産省は、19年夏、徴用工問題の腹いせに、韓国向けの半導体などに使う材料の輸出制限を突然始めた。韓国経済の屋台骨であるサムスンなどを痛めつければ、韓国が土下座してくると思ったのだ。ところが韓国側は、他国産で代替したり、自国製品に切り替える動きに出て、結局びくともしなかった。経産省のメンツは丸つぶれだ。

捨てたつもりのメンツがまた潰された経産省の失態

さらに、21年初めにも経産省のメンツが潰《つぶ》れることが起きた。日の丸半導体プロジェクトでことごとく失敗した経産省は、メンツを捨てて、世界最高峰のＴＳＭＣに、日本で工場を作ってくれと誘致活動を行うことにした。日本には世界最高の半導体関連産業があるから、日本に工場を作るのがお得ですよというセールスをしたが、ＴＳＭＣがなかなか首を縦に振らないので、様々な補助金などを提示して必死だったそうだ。その話が産業界に伝わり、一時は「あのTSMCが日本に大規模工場を作ってくれるらしい。やはり日本も捨てたものではない」という噂が広がった。しかしほどなく、TSMCは日本を袖《そで》にして、米アリゾナ州に120億ドル（1兆3000億円）にも及ぶ投資をして大規模工場を作ると発表した。関係者の落胆はいかばかりだったろう。

このままでは引き下がれないと考えた経産省は、今度は研究開発拠点の誘致に乗り出した。特に、微細化技術を含む「前工程」と呼ばれる部分の開発拠点を作ってくれれば、後れをとった日本の技術レベルの引き上げにも役立つと考えたようだ。しかしこれも結局袖にされ、茨城県つくば市にパッケージなどの後工程に関する開発拠点を置くという回答しか引き出せなかった。投資額は、200億円弱でTSMCの対米投資額の50分の1にも満たない。

この結果、もはや日本の素材技術や製造装置の技術でも、世界最高レベルの企業を呼び込むには十分ではないことがわかった。日本はあらゆる分野で「下請け大国」を目指すしか生きる道はなくなっているのだが、その道もそう簡単ではない。かなり危機的状況である。

ちなみに、TSMCの大型工場誘致に成功した米国では、TSMCと韓国サムスンに敗北を喫したインテルが、200億ドル（約2兆1700億円）を投じてアリゾナに二つの工場を建設するというニュースもある。TSMCと競合するファウンドリも手掛け、この他にも欧州などに工場を建設するという。バイデン政権はこれを積極的に支援する姿勢だ。これで、米韓台三つ巴《どもえ》の最先端半導体競争が始まることになる。日本も生産能力だけを見れば、台湾、韓国に抜かれたものの中国と並び、その後にいる米国も含めて3位争いをしているのだが、残念ながら技術的には、韓台から引き離されるばかり。一方、中国は量で急激に追い上げ、今は質でも先端分野に挑戦しようとしている。勢いでは日本よりはるかに上だ。中国政府も大規模な支援をしているので、資金面でも日本は全くかなわない。半導体分野の国際競争は、企業間から国家間の覇権争いの様相を呈しているのだ。

今後の世界経済では、グリーンとDX（デジタルトランスフォーメーション）が主戦場で、そのいずれにおいても半導体が生命線となる。日本も半導体の世界競争に何とかついて行きたいところだが、これまで連戦連敗の経産省がその司令塔を務める限り、大きな期待はできそうもない。

原発守って太陽光と風力が絶滅

かつては日本が圧倒的に強かった太陽光パネルも、今は見る影もない。日本国内ではま

図1●太陽光パネル出荷量
（19年1月〜12月、企業別シェア）

国内でも日本メーカーは敗北

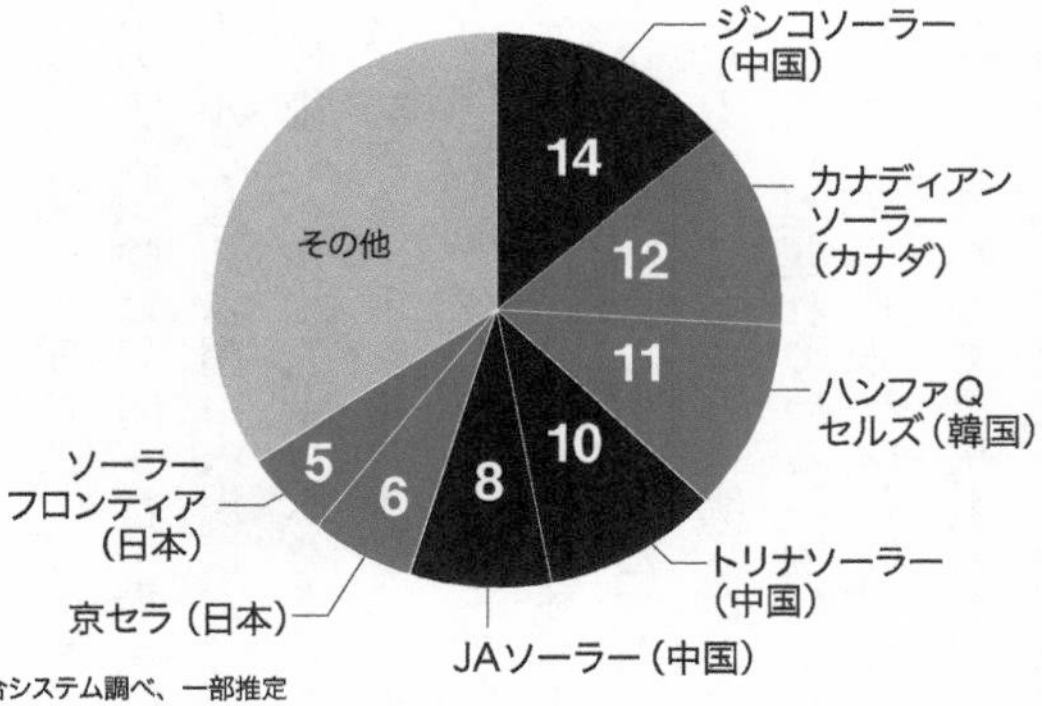

資源総合システム調べ、一部推定

だ日本製も少し売れているが、日本メーカー1位の京セラでさえ、シェアは6％（19年）。上位はカナダと韓国のメーカーを除けば、中国製が席巻《せっけん》している（図1）。もちろん海外では、もう誰も日本製太陽光パネルは買わない。国別の太陽光発電供給量では中国が約6割と、圧倒的に大きなシェアを占め、それ以外ではマレーシアや台湾、ベトナム、韓国といったアジア勢が急激に伸びている。

風力発電でも同じ状況だ。

国内風力発電機市場では、米ゼネラル・エレクトリック（GE）を筆頭に、ドイツ、デンマークなどの欧米企業が大きなシェアを占めている。日本メーカーは完全に競争力を失い、全社が市場から駆逐されてしまった。

陸上でも洋上でも、欧米企業と中国の争いだ。日本は当初、陸上で負けたので洋上風力で挽回《ばんかい》を狙った。しかし定置型で負けてしまい、今後は浮体式洋上風力発電で挽回しようと、さらに目標を遠くに定めた。それでも、福島沖で経産省と日立などが威信をかけて始めた浮体式の実証試験は失敗した。現在欧米メーカーが手掛ける洋上風車は、ローター径200メートルを超える超巨大規模だ。経産省は、日本も復活すると口先だけは威勢がいいのだが、技術レベルで完全に水をあけられ、今のところ挽回の手掛かりはない。

菅総理は、50年カーボンニュートラルを宣言した20年10月の臨時国会の所信表明演説で、「世界のグリーン産業を牽引」すると述べたが、はっきり言って何もわかっていない。それから1か月も経たないうちに、三菱重工が風力発電の自前開発を断念すると発表したのは、日本の状況を象徴する出来事だった。現状を正しく認識できない政府に正しい産業政策を期待しても、無理なことは明らかだ。

日本だけがこれ程遅れている原因は、政府のエネルギー政策の失敗にある。3・11の福島第一原発事故の時、国民の多くが「原発はもういらない」と考えたのに、当時の経産省が考えたのは、どうやって東京電力を守るかと、どうやって原発を復活させるかだった。

ドイツはこの時、22年脱原発を決め、原発なしで温暖化ガスも削減するという困難な道に挑んだ。ＥＵは自然エネルギー最優先の政策を採り、各国の自然エネ電力は急拡大した。

今や、電力消費に占める自然エネの割合は、カナダ、スウェーデンなどは水力の比率が高いこともあり71％、70％、デンマーク66％、ポルトガル51％、ドイツ44％、スペイン37％、イタリア・イギリス36％、原子力大国フランスでも25％だが、日本は20％と断然低い。中国の27％よりもはるかに下だ（図2）。

こうした状況を反映して、２０３０年の自然エネルギーの電力目標は、スペイン74％、ドイツ65％、イタリア55％、ＥＵ57％、米カリフォルニア州60％、米ニューヨーク州70％と軒並み5割から7割となっているのに、日本は何と22～24％と、話にならないレベルだ（図3）。もちろん、菅総理もこのままではまずいと目標の上方修正をするはずだが、問題は具体的方策だ。

経産省は原発を止める気はない。原発を動かせば、電力は余る。したがって、自然エネへの投資は大規模には進まない。

ドイツのように退路を断って、自然エネに賭《か》けるという方向を政府が示せば、民間は一気に自然エネへと雪崩を打って投資するだろう。幸い、太陽光も風力も技術革新がすさまじく、もはや原発など全く歯が立たないほどに発電コストは安くなった。供給が天候に左

図2●2019年の電力消費量に占める自然エネルギーの割合

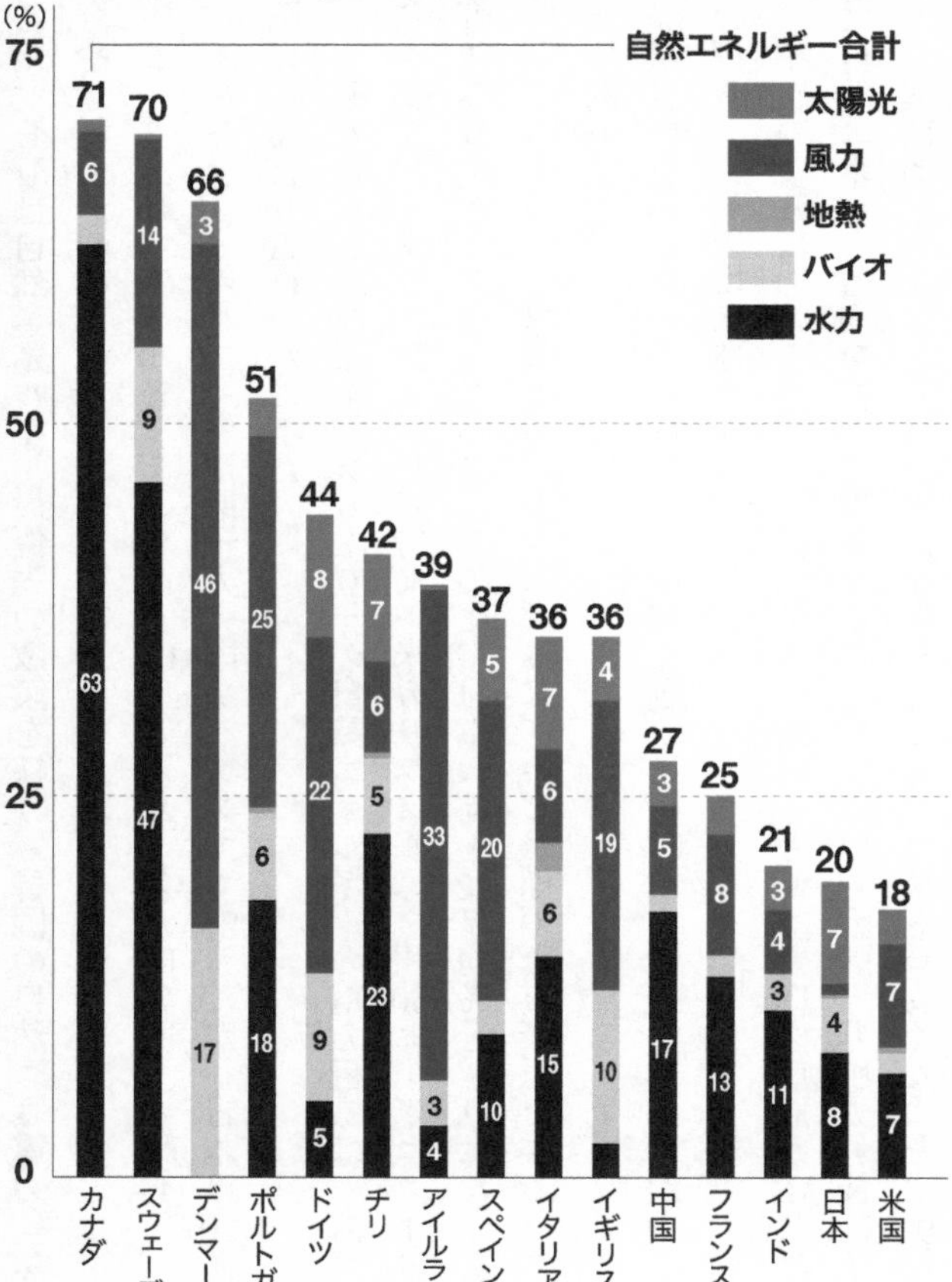

注：各国の電力消費量＝［国内の発電電力量］＋［他国からの輸入量］－［他国への輸出量］。
グラフにおけるデータは、所内電力量（ネット発電量）に基づく。

IEA, Monthly Electricity Statistics－Data up to March 2020（2020年6月）
（2020年6月19日ダウンロード）。自然エネルギー財団ウェブサイトより　更新日：2020年6月25日

図3●2030年の自然エネルギー電力目標
（　）内は2019年度実績　単位%

スペイン	**74**（37）
ドイツ	**65**（42）
イタリア	**55**（35）
フランス	**40**（20）
EU	**57**（35）
米カリフォルニア州	**60**（53）
米ニューヨーク州	**70**（29）
日本	**22～24**（18）

自然エネルギー財団ウェブサイトより

右されるという欠点も、蓄電池のコストが下がったことで克服しつつある。蓄電池のコストを合わせても、自然エネの発電コストが原発はもちろん、石炭火力よりも安くなるという日は、数年内に訪れる。

だが菅政権は、そこまでの改革には踏み込めないだろう。菅総理自身に哲学がなく、単なる人気取りで進めている温暖化対策だ。これでは、いつまで経っても日本の自然エネ産業が復活できないのは確実だ。

「ガラパゴス」を5Gで巻き返すはずが……

携帯電話も日本勢はほぼ壊滅した。日本の携帯・スマホは、今やほとんど海外では売っていない。というか買う人がいないのだ。ソニーが途上国中心にほんの少し売っているが、ほとんど存在感はない。市場ではサムスンとアップルの2強体制に中国のファーウェイが割って入り、その後の米中摩擦で勢いが落ちたファーウェイに代わって、同じ中国勢のシャオミ、ビボなどの新興メーカーが急速にシェアを伸ばしている状況だ（図4）。

4Gスマホで海外勢に負けた日本は、5G（第5世代移動通信システム）になるところで巻き返すと息巻いていたが、実際には米韓が先陣を切って19年4月に5Gの商用化を開始。英独豪がこれを追いかけ、同年11月に中国も開始。日本は1年遅れの20年3月下旬に5Gを始めたが、使える地域がほとんどないという状況だ。

実は5Gによって、デジタル化による社会の変化は次元が変わる。大容量の通信速度が飛躍的に上がることで、通信の時間差がほぼなくなり、それによって様々な遠隔操作が可能になるのだ。5Gでは、0・1秒のずれも許されない遠隔の手術や、建設現場や鉱山での機械や車両の操作、一般の自動車の遠隔運転もスムーズに行えるようになることが期待できる。

5Gで何ができるかは、実は、やってみなければわからないことが多い。そのため日本より1年早く5Gを始めた海外諸国は、様々な実験で1年先を行くことができる。日本は

図4●2020年スマホ出荷台数メーカー別ランキング

スマホでは日本メーカーが消えた

順位	企業名	20年の出荷台数	シェア
1位	サムスン電子（韓）	2億6670万台（▲9.8%）	20.6%（▲0.9）
2位	アップル（米）	2億610万（7.9）	15.9（2.0）
3位	華為技術（ファーウェイ、中）	1億8900万（▲21.5）	14.6（▲2.9）
4位	小米（シャオミ、中）	1億4780万（17.6）	11.4（2.3）
5位	vivo（ビボ、中）	1億1170万（1.5）	8.6（0.6）

（注）カッコ内は19年比の増減率、シェア増減のポイント。▲はマイナス
IDC

まだ利用地域が狭く、大したことはできない。中国では、地域単位で5Gを使った大規模な社会実験が始まっている。近々、様々な成果が出て来るであろう。

ちなみに日本の光回線など高速固定通信の速度は世界上位クラスだったが、これも最近は順位を落とし、15年の7位から、わずか3年後の18年には23位まで落ちた。しかも、通信速度はさらに遅くなっていくと予想されている。これに驚いた日本経済新聞は、19年2月に一面トップで伝えたが、その後事態が改善するというニュースはない。

そもそも、日本政府がＩＴ政策に本腰を入れ始めたのは、21世紀に入る前の小《お》渕《ぶち》恵三《けいぞう》内閣（98〜00年）当時。２０００年には森喜朗

内閣がＩＴ戦略会議を立ち上げ、01年に策定されたｅ―Ｊａｐａｎ戦略において、日本は世界最高水準のＩＴ国家を目指すと宣言した。その時に力を入れたのが「速い通信」だった。だが現状はこのありさまだ。このインフラの水準でＤＸ競争を勝ち抜くのは至難の業だ。

コロナ禍で国民が驚いたデジタル化の遅れ

今回、新型コロナウイルス感染症の災禍に襲われて、日本政府がいかにデジタル化で後れをとっているかが露《あら》わになった。少し思い出して欲しい。20年春、国民一人当たり10万円ずつ支給された特別定額給付金。当初政府は、申請にマイナンバーカードを使えば早く手にすることができると言ったので、多くの人があわててマイナンバーカードの取得に走った。ところがまず、マイナンバーカードの取得に時間がかかる。さらにようやくマイナンバーカードを手にしてデジタル申請したのに、それを受けた役所では情報をわざわざプリントアウトして、一枚ずつ職員がチェック。記入事項に間違いを見つけたら、そこで修正して再入力するという驚くべき「システム」になっていた。このため、マイナンバーカードを使うと、かえって給付が遅れるという事態が多発したのだ。市町村によっては、

「マイナンバーカードで申請すると遅くなるので通常の申請をお勧めします」と発表したり、酷《ひど》いところは、マイナンバーカードでの受付を一旦《いったん》始めておきながら、途中で中止したりするありさまだった。

中小企業向けの持続化給付金も同様。ネットで申請して1か月待ってもなしのつぶて。問い合わせ手段は電話のみ。おまけに申請者の個人情報が他の申請者に筒抜けになるという事故が起き、使用を中止。不具合を修正して再開したら、また別の理由で個人情報が洩《も》れて再中止などと散々な状況だった。

それ以前にも、各地区の保健所からの感染者数の報告に、東京都でさえファックスで連絡をしていると報じられ、世間を驚かせた。また医師が管轄の保健所に「新型コロナウイルス感染症発生届（発生届）」を手書きで提出していることが問題となったので、政府が「ハーシス」という入力システムを慌てて開発したが、使い勝手が悪く、医師からファックスで届いた発生届を保健所職員が代わって入力するなどということが起きている。

さらに鳴り物入りで始まった「日本版の接触確認アプリCOCOA」も、前述したとおり同居家族が感染したのに濃厚接触者としての通知が届かないなど全く機能しない例が頻発し、しかも、それが数か月放置されるという大失態も起こした。

マイナンバーカード普及に大きく貢献すると期待された、マイナンバーカードを健康保険証として利用できるシステムも、21年3月下旬に予定されていた本格運用開始が10月まで先送りとなった。健康保険組合が登録したマイナンバーに誤りがあったり、カードを使っても健保加入を確認できなかったりする例が多数あることがわかったためだという。しかも、医療機関などのカードリーダーの普及も大幅に遅れていて、とても本格運用できる状況ではなかった。

この例でわかるのは、デジタル化の前に元々の行政運営が杜撰《ずさん》で、デジタル化しようとするとその穴が明るみに出て、それを埋める作業が必要になるということだ。つまりデジタル化と一口に言っても、気の遠くなるような作業が必要になる。効果が出るまでに時間がかかり見えにくい上に、導入のためにかえって作業効率が落ちるということも覚悟することが必要だ。日本の行政のデジタル化は、これまで予想されていたよりはるかに難しい作業になりそうだ。今後もデジタル化をやろうとしては不具合が起きて、現場も国民もストレスを感じる場面がどんどん増えるであろう。

一方で世界を見渡せば、台湾のデジタル担当政務委員大臣オードリー・タン氏の活躍を引き合いに出すまでもなく、接触追跡アプリなど危機管理の分野で次々に革新的なシステムや施策が「発明」され、どんどん実施に移されている。

日本の「忖度《そんたく》官僚」たちが思考停止に陥り、安倍総理や菅総理を守る仕事に汲々《きゅうきゅう》としてきた状況が、こうした事態を招いているのだろう。

「電子政府」で後退を続ける日本

実は、日本の「デジタル度」は他国に比べて進歩が遅い。それを裏付けるデータは枚挙にいとまがない。例えば、直前に述べた行政サービスの分野。国連の経済社会局（ＵＮＤＥＳＡ）による世界電子政府ランキング（２０２０年）によれば、１位はデンマーク、２位は韓国、３位はエストニアで日本は14位と、前回の10位から四つもランクを落とした。順位算出の指標となる「電子政府発展度指標（ＥＧＤＩ）」において、日本は前回（18年）よりも高かったものの、各国の電子化が急速に進んだために追い越されてしまったのだ。

さらに、世界デジタル競争力ランキング（スイスＩＭＤ）20年版でも日本は23位から27位（63か国・地域）に4ランクダウン。アジアでも8位。世界2位のシンガポール、5位香港、8位韓国、11位台湾はもちろん、16位中国、26位マレーシアよりも下だった。

揺らぐ「自動車一本足打法」

前述したとおり、日本経済を支える柱の一つである電機産業が国際競争から脱落した今の日本を支える大黒柱は、自動車産業だけだ。経産省はこの状況を「一本足打法」と呼んだ。中でもトヨタは、日本が今なお世界に誇る超一流大企業だ。販売台数で1000万台に達し、利益も高く、どこから見ても世界1、2位を争う自動車メーカーだ。特にハイブリッド技術では世界の先端を走り、ディーゼルに頼る欧州勢に比べて平均的な燃費効率が良いことから、今後の温暖化ガス排出抑制の要請にもうまく対応できると考えられていた。

しかし第6章でも述べたように、世界ではハイブリッド車（HV）の後継として電気自動車（EV）が主流となり、水素自動車（燃料電池車、FCV）に賭《か》けた日本は、EVで完全に出遅れた。20年の世界の電気自動車販売台数ランキングでは、昨年までかろうじて7～8位に位置していた日産もトヨタも、10位圏内から脱落した（図5）。注意すべきなのは、この順位にはプラグインハイブリッド車（PHV）という偽のEVが入っていることだ。PHVはガソリンエンジンと電気モーターの両者を搭載しているので、本物の電動車とは言えない。日産はリーフという正統EVを作っているが、トヨタはまともなEVをまだ作れない。EVだけでは、そもそもランク入りは不可能なのである。

図5●2020年EV（PHV含む）世界販売トップ20社
PHVを含めても10位に入れない日本勢

				19年ランキング順位	19年からの昇降ランキング数
1	テスラ	米国	499,535	1	±0
2	フォルクスワーゲン	ドイツ	220,220	6	+4
3	比亜迪（BYD）	中国	179,211	2	-1
4	上汽通用五菱汽車（SGMW）	中国	170,825	ー	ー
5	BMW	ドイツ	163,521	5	0
6	メルセデス・ベンツ	ドイツ	145,865	25	+19
7	ルノー	フランス	124,451	13	+6
8	ボルボ	スウェーデン	112,993	16	+8
9	アウディ	ドイツ	108,367	21	+12
10	上海汽車集団（SAIC）	中国	101,385	4	-6
14	日産自動車	日本	62,029	7	-7
17	トヨタ自動車	日本	55,624	10	-7

ウェブサイト「EV Sales」，M&A Online

中国では今、テスラなどの高級EV市場での競争とは別の小型EVの分野で大きな革新が起きている。上海汽車集団の子会社、上汽通用五菱汽車が20年に50万円以下で発売した小型EV「宏光MINI EV」が爆発的売れ行きで、テスラなどの販売台数を上回る勢いなのだ。日本でも広西汽車集団が小型商用EVを佐川急便に7200台販売することが、21年4月に発表された。一方、中国では、電気バスもものすごい勢いで普及している。日本国内でも徐々に普及し始めたが、中国製が優勢だ。日本製の電気バスは値段が中国製の何倍もして、高すぎて話にならないという。

いずれにしても、EVの分野での日本メーカーの遅れは決定的なものとなってしまったようだ。

パナソニックついに王者から陥落

ＥＶの急成長に伴い、その最重要部品である車載用電池の需要も大きく伸びる。現在ＥＶに使用されているリチウムイオン電池市場は、20年の約２・６兆円から24年には約７兆円になるという予測もある。２０００年頃は、小型タイプのリチウムイオン電池はほとんどが日本メーカー製で、電池と言えば日本だった。車載用でも先行者の利を生かし、つい最近までパナソニックが世界シェア１位だった。今や世界最大のＥＶメーカーとなった米テスラも、パナソニックの電池がなければこれほどの急成長はできなかったはずだ。

しかし19年、パナソニックは中国のＣＡＴＬ（寧徳時代新能源科技）に首位の座を譲り、20年には韓国のＬＧ化学にも抜かれた（図６）。日本の自動車メーカーはＥＶをほとんど作らないので、不利になったようだ。

今や国別では、中国が断トツだが、最近は欧州も戦略的に大規模投資を始め、20年時点の蓄電池の生産能力で、日本はもちろん、米国も抜いて第２位につけた（図７）。

各国、各メーカーはさらに、電池に使う金属などの資源確保にも力を注いでおり、日本の出遅れはここでもはっきりしてきた。本当に危機的状況である。

米中の背中が遠ざかる自動運転

さらには自動運転車だ。いかにも自動運転車が既にあるかのようなトヨタのCMが流れていたが、実のところ、トヨタは自動運転でも出遅れた。日産が19年9月にレベル2（人間が主体の限定的な自動運転）の「スカイライン」を発売、21年3月にはホンダがワンランク上のレベル3（条件付きだが、システムが主体の自動運転）の「レジェンド」を発売した。ただしレジェンドは1100万円で、リースのみで100台限定。宣伝用でしかない。

一方で世界に眼を転じれば、各国各社が完全自動運転を視野に高いレベルで鎬《しのぎ》を削っている。特にグーグルやアマゾンといったIT企業が参入してきたことで競争がさらに過熱していたところに、中国が脅威的な勢いで上がってきた。自動運転実験の中心地・米国カリフォルニア州発表の各社の実験のランキングでは、走行距離で上位トップ10はすべてトヨタの6倍から260倍以上と桁違《けたちが》いの実績だ（図8）。

また、自動運転で一番重要なのは、人が一切介入しないまま一般道を何キロ走れるかということだ。それで見ると、グーグル系のウェイモが4万8000キロメートル超と、す

図6●車載用電池出荷容量
メーカー別シェア（2020年見込み）
車載電池の王者パナソニックは
中韓勢に抜かれた

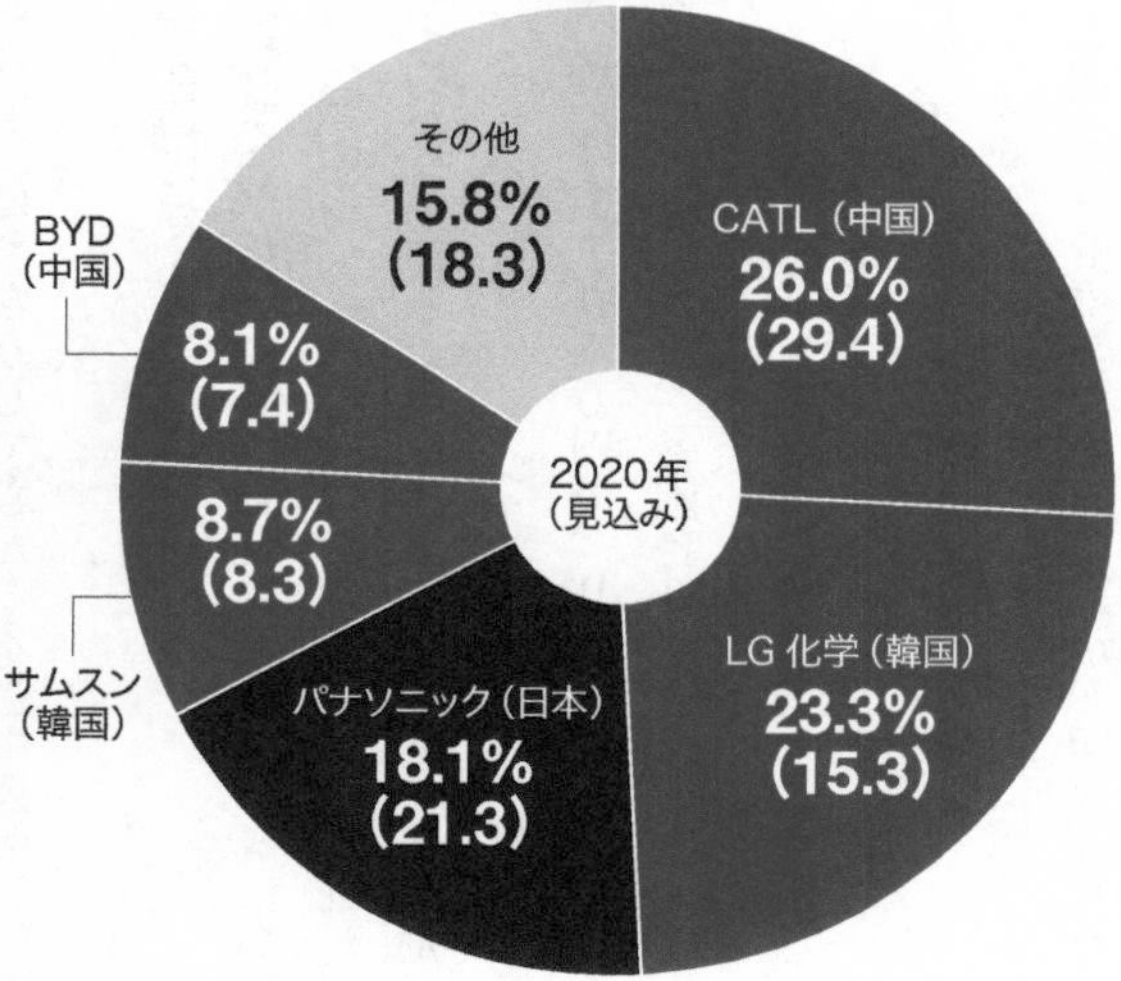

テクノ・システムリサーチ調べ　（注）出荷容量ベース。カッコ内は19年実績。

図7●蓄電池の生産能力（20年）

中国	148 ギガ（10億）ワット時相当
欧州	55 ギガワット時
米国	49 ギガワット時
日本	8 ギガワット時

日本経済新聞

図8●米カリフォルニア州公道試験ランキング

（2019年12月〜20年11月）

自動運転でも日本は米中にはるかに及ばず

順位（前年）	社名（主な拠点の所在地）	走行距離（キロメートル）	介入頻度（キロメートル/回）
1（2）	GMクルーズ（米国）	123万9271	4万5899
2（1）	ウェイモ（米国）	101万2015	4万8191
3（3）	小馬智行（ポニー・エー・アイ、中国）	36万2900	1万7281
4（6）	ズークス（米国）	16万4991	2619
5（5）	ニューロ（米国）	8万9109	8101
6（8）	オートX（中国）	6万5555	3万2777
7（7）	リフト（米国）	5万2676	428
8（9）	ダイムラー（独）	4万8254	41
9（25）	アルゴAI（米国）	3万636	1万5318
10（12）	アップル（米国）	3万636	1万5318
18（27）	トヨタ自動車（日本）	4627	4
23（22）	日産自動車（日本）	635	159

（注）米カリフォルニア州の公表データから日本経済新聞社が集計。介入頻度は走行距離を人による運転操作への介入回数で割った値。企業ごとに安全方針や走行距離が異なるため、安全性や信頼性は単純比較できない。

でに地球1周を超えている。その間、人間が運転に関与しなくていい。これはもうほぼ完《かん》璧《ぺき》に自動運転だ。ちなみに日本のトヨタは、4キロに1回人が介入しないと運転できない。ウェイモの1万分の1という低レベルで、とても自動運転とは呼べない。レベルの差は歴然だ。中国のオートXも3万キロ超えで、中国勢の技術力の高さを示した。

ここで注意すべきなのは、中国勢は前年に比べてランキング入りの数を急に減らしていることだ。どうもカリフォルニア州での実験から、中国本土での実験にシフトしているようだ。前年の記録でも、中国IT企業の百度（バイドゥ）が2・9万キロという数字を出して世界に衝撃を与えていたことから推測すると、今や中国勢は、ほぼ米国勢と並んでいると見た方が良いかもしれない。

自動車に関連して言えば、アプリ上で一般ドライバーと相乗り希望者とをマッチングする「ライドシェア」も、日本は国交省によるがんじがらめの規制があるため、一向に普及していない。世界最大手のUberも、日本では一部の地域でタクシーなどの配車サービスをするにとどまっている。

海外では、スマホでアプリを開き行き先を入力すれば、自分の位置は自動で読み取られ、そこで待っているだけで配車される。スマホ上には配車される車の現在位置、到着までの時間、目的地までの所要時間などが表示される。乗車前に料金もわかり、現地の言葉が全く話せなくても安心だ。私が米国で利用した時は、運転手の方が英語ができず、驚いたこともある。このサービスに慣れた海外観光客からは、どうして日本ではライドシェアがないのかと不思議がられる。

血と汗と涙の「匠の技」で逃した３Ｄプリンター市場

自動車と言えば、中国ではＡＩで描いた自動車の設計図を米国の工場に送り、そこで３Ｄプリンターを使って自動車を丸ごと作るという実験が行われている。米ＧＥも数年前から、航空機エンジンの精密部品を３Ｄプリンターで作っている。

加工可能な材料も、最初はプラスティック程度だったものが、今は金属、さらにコンクリートも使えるようになった。車や機械だけでなく、巨大な構造物、例えば体育館の柱を３Ｄプリンターで作ったなどという事例もある。これが本格的に普及すれば、日本の強みである切断、切削、溶接、研磨といった技術がほとんどすべていらなくなってくる。形状が複雑なら複雑なほど日本が誇る「匠《たくみ》の技」の強みが生かされ、「擦り合わせ」というチームワークと相まって、世界の追随を許さない部品産業を形成していたのだが、そうした部品が、設計図さえあれば３Ｄプリンターで一気にできてしまう。切断、切削、溶接、研磨のプロセスがなくなるということは、日本人が誇る「血と汗と涙」の結晶、「匠の技」がいらなくなる分野が増えることを意味する。

そんな進化をよそに、日本ではごく限られた産業分野で３Ｄプリンターの活用が始まった程度だ。米ＧＥなどに比べれば10年以上の遅れ。気付いた頃には、日本のものづくり現場の競争力が大きく落ちているということになる恐れがあるのだ。

ＧＡＦＡＭとは桁違いに貧弱な日本企業の研究開発投資

日本の産業界の悲しい現状については、切りがないのでこのあたりで切り上げ、次に、これから日本の産業に巻き返しのチャンスはあるのかということを考えてみたい。

最近ＡＩ（人工知能）という言葉を目にしない日はない。この先、あらゆることがＡＩで解決されるようになると言われる。このＡＩ分野は、これまでの経緯からして日本が得意になってもおかしくない分野であるはずなのに、研究に関する論文数において、やはり中国に圧倒的な差をつけられている。科学技術振興機構によれば、質の高い研究論文（15～17年で引用回数が上位10％）について、１５１の研究領域の国別シェアを調べたところ、米中がトップを独占した。そのうち米80領域、中71領域という結果だ。中でも「ＡＩ」は中国がトップだった。日本はＡＩでは3位かと思ったら、何と10位に沈んだ。ちなみに、日本はシェア2位以内に入った領域がなく、5位以内に広げてもたったの18領域しかなかった。英独にも離されている。米中の覇権争いのレベルから、日本は引き離されるばかりなのだ。

日経新聞が一橋大学イノベーション研究センターと共同で世界の企業のイノベーション指数というものを出したが、その2019年度版において、ベスト10に入った日本企業はなかった。トヨタが12位。ベスト100に4社しか入れていない（図9）。

それは、研究開発費からも推して知るべしだ。18年度の数字で見ると、アマゾン1社で3・2兆円費やしている。日本ではトヨタがとびぬけて大きな額を注ぎ込んでいるのだが、それでも1兆円。アマゾンの3分の1以下だ。もちろんグーグルも2・4兆円ほど。ＧＡＦＡだけで、8兆円以上の研究開発費が使われているのだ（図10）。

企業規模で見ても、日本は相当落ちこんでいる。それに比べて、米国はＧＡＦＡとマイクロソフトが、それこそそびえ立っている。最近はＧＡＦＡＭとマイクロソフトを入れた5社で呼ぶこともあるが、この5社だけで時価総額が東証一部の2000社合計を上回っ

図9●企業のイノベーション指数

日本企業はトップ100に4社だけ

順位	企業（国・地域）	総合点
1	アマゾン・ドット・コム（米国）	196.7
2	フェイスブック（米国）	192.4
3	アルファベット<グーグル>（米国）	189.3
4	アップル（米国）	188.8
5	ベライゾン・コミュニケーションズ（米国）	188.8
6	マイクロソフト（米国）	188.3
7	インテル（米国）	182.9
8	サムスン電子（韓国）	181.8
9	中国移動（香港）	181.7
10	ウォルマート（米国）	180.9
12	トヨタ自動車（日本）	179.0
45	ソニー（日本）	168.8
49	ソフトバンクグループ（日本）	167.6
80	日産自動車（日本）	163.1

「日経・一橋大イノベーション指数」（2020年3月20日　日本経済新聞）

図10●GAFAと日本の大企業の研究開発費（2018年度）

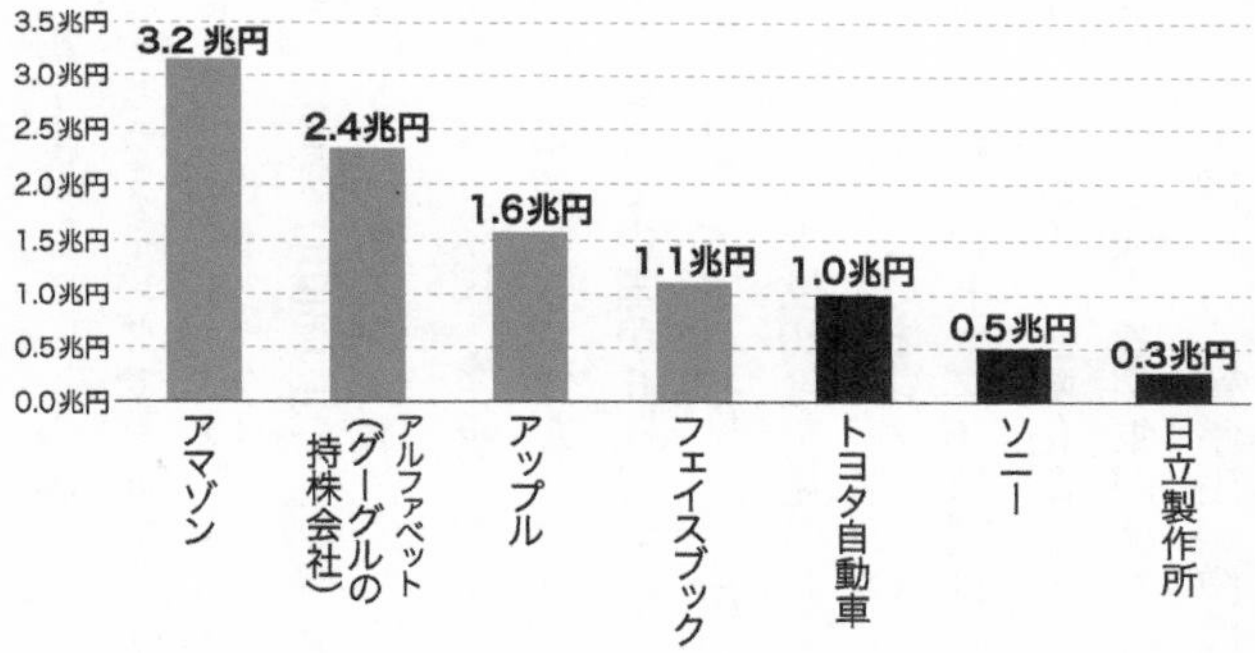

（注）米国企業の研究開発費は、2018年の円ドルレートの平均値（110.5円／ドル）で計算している。
各社の有価証券報告書、10-K（米国の年次業績報告書）を基に作成。
「未来投資会議（第31回）基礎資料」7ページ

てしまった。

最近も、GAFA4社の21年1～3月期の利益の合計が6・4兆円とトヨタの21年3月期の利益2・2兆円の約3倍となったことが話題になった。四半期分だけでトヨタの3年分もうけて、それを研究開発に注ぎ込むのだから、日本勢はとても太刀打ちできない。

経産省が旗を振りながらこれまでやってきた産業政策の行き着いた先が、ここなのだ。

大学の地位低下と海外留学の減少が暗示する日本の未来

次代を担う高等教育、大学にも眼を転じてみよう。日本の未来は、これからの若者にかかっている。その意味で、日本の大学が高いレベルを維持しているのかどうかは、死活的に重要だ。

何でもランキングで評価すればよいというわけではないが、一つの共通の尺度で見ることは有益だ。そこで、最もポピュラーな大学ランキングを見てみよう。英国の高等教育情報誌『Times Higher Education』の世界大学ランキング（World University Rankings 2021）によれば、トップ3のオックスフォード（英国・5年連続1位）、スタンフォード（米国）、ハーバード（米国）をはじめとして、上位100校のうち、米国が37校、英国が11校ある。両国は英語圏なので仕方ないが、その後にドイツ、オランダの7校に続いて、オーストラリアと並んで中国が6校、シンガポールと香港は3校入っている。日本の大学は東京大学（36位）、京都大学（54位）の2校が入るのみ。アジアでトップは中国の清華大学（20位）だ。アジアの上位20校を見ても、中国7校、韓国と香港が各4校、日本、シンガポールが各2校、台湾が1校となっている。明らかに中国、韓国、香港に後れをとっているのがわかる。アジアのトップ10は図11のとおりだ。

また、これだけ国際化が進み、海外ビジネスの重要性が高まってきているというのに、海外に出て勉強する学生が減っている。日本からの留学先としては米国が一番有力なのだが、この米国に行く留学生が激減しているのだ。その理由として、留学費用が巨額だとい

図11●2021年アジア大学ランキング

上位20校中、中国7校、韓国・香港4校 日本・シンガポール2校、台湾1校

1	**清華大学**（中国）
2	**北京大学**（中国）
3	**シンガポール国立大学**（シンガポール）
4	**香港大学**（香港）
5	**シンガポール南洋理工大学**（シンガポール）
6	**東京大学**（日本）
7	**香港中文大学**（香港）
8	**香港科技大学**（香港）
9	**ソウル大学**（韓国）
10	**京都大学**（日本）

Asia university Rankings 2021 より作成

うことがある。生活費を入れると年間でおおよそ一千万円かかることもめずらしくないという。その結果、社費留学か大金持ちしか行けないということになる。

その一方で最近は、日本国内において人手不足が著しく、留学経験を武器にしなくても職探しには困らない。しかも、留学経験があるからといって給料が上がるかといえば、日本での現状はそうでもない。

企業派遣では基本的に、留学から戻ってもその企業で働くことが前提とされる。するとその留学目的が今所属している企業、会社の仕事で役に立つことが主になる。あとの半分は見聞を広げて、楽しくやれればいいかという程度。これでは本物の国際人材は育たない。

そのような留学を増やすのではなく、個人が独立して、自分の学びたいことを実現させるための留学を増やした方がいい。さらに言えば、米国に留学したのであれば米国で、ビジネスその他での活躍を奨励するような留学の支援制度をつくるべきだ。現地で仕事をしなければ、本当の実力はつかない。ところが現状では、これが逆になっている。例えば著名人を数多く輩出したことでも有名なフルブライト奨学金制度で米国へ留学したとする。すると留学期間終了後はすぐに日本へ帰国しなければならず、原則として帰国後2年間日本にいなければ、米国に再入国できないといった制約があるという。違反すれば奨学金の返金が求められる。

すると、優秀な人がフルブライト奨学金を得てハーバードやプリンストンあたりでMBAを取ったとして、そのまま米国で起業したい、あるいは米国の大企業のいいポストに就けそうだからそこで活躍したいと思っても、できない。返金しなければならないので諦《あきら》めて帰国し、日本国内の企業や大学で働くことになる。非常にもったいない話だ。単に米国の一流大学で勉強したというだけでなく、米国社会というビジネスの本場でビジネスを経験し、成功してから帰国してくれることで、国際舞台に通用する本格的な戦力となる可能性があるというのに。

その点、中国は賢い。卒業したらすぐに帰ってこいなどとは言わない。留学先の米国企業で活躍して、立派な研究者、技術者になった人材に、高い給料を払って戻ってきてもらうのだ。これは「ウミガメ作戦」と呼ばれているそうだ。これが奏功してか、中国の官公庁や企業には、米国で博士号を取得し活躍していたという人材が案外たくさんいる。優秀な人がたくさん戻ってきているのだ。シンガポールには、アメリカの大企業ではなくベンチャー企業にインターン派遣する制度もある。現場経験を積むことで本物を育てるという哲学が感じられる。

日本の場合は、1年か2年の留学を終えたところで必ず帰国し、日本社会に適合して生きることが求められる。このままでは日本はますます世界から取り残される。今の留学支援制度を抜本的に改め、資金的にも桁違いに拡大することが必要だ。

もう一つ、私が海外から帰国して感じたことがある。それは、公立の小中学校などで帰国子女の支援を行う場合の考え方だ。海外にいたことをハンディキャップと捉え、日本語の弱いところを補うのだが、むしろ英語の力を落とさないようにする方が重要ではないのか。みんな同じでなければいけないという考えに立つから、何か足りないところを見つけてそこを矯正することになる。良いところを伸ばすという発想がない日本の教育は多様性に欠ける。本来は独創的に育つ人材も、金太郎飴《あめ》のような超ドメスティックな調和型隷従人間になってしまう。終身雇用・年功序列には向いているかもしれないが、新しい課題を解決するための独創的アイデアを生み出す多様な人材が生まれにくい。この基本哲学を変えないと、日本の未来は開けないだろう。

「日本語の壁」で守られなくなる教授たち

20年度は新型コロナウイルス感染症への対応のため、大学では本格的に遠隔授業（リモート授業）を取り入れるようになった。この先、リモート授業がどんどん広がっていくと、大学の教育についてはこれまでとは別の意味で、世界的な競争が起きてくるはずだ。リモート授業でなら、日本にいても海外の大学の授業が受けられる。日本よりレベルの高い海外の大学に、本当に優秀な、特に英語力があるような子どもたちが、移動や生活費といった足かせなしに進学できる可能性が出てくる。

また日本の大学同士でも、リモートで他の大学の授業を受けて単位認定することも増えるだろう。人気教授の授業に学生が集まり、そうでない教授のクラスは閑古鳥ということが起きるかもしれない。

日本の大学は、学生がまだそれほど英語ができないので、「日本語」の壁で教授たちが守られているが、子どもたちの英語力が上がってくると、教授陣も世界の競争に巻き込まれる。そうなれば、本当の意味での教育の国際化が進むことになる。

デジタル教育の遅れは文科省の不作為が原因

初等中等教育におけるリモート教育に関しては、今回のコロナ禍で、制度面の制約があることがわかった。学校教育は対面授業が前提という考え方が基礎となっている。それ自体は問題だとは思わないが、対面でない授業は、行ったとしても授業時数にカウントされないという話になると、ちょっと待てと言いたくなる。補習的な意味合いであれば認めるが、正規の授業時数とはみなさない、というルールがあったことで、コロナ禍でもリモート授業を行う際の障害になった。これは誰が見てもおかしいので、コロナ禍の対応として初めて、リモート授業でも授業時数にカウントしてよいという通達が文科省から出された。しかし、各都道府県や市町村の教育委員会レベルまで浸透するのに非常に時間がかかった。通達が届いた後でも、リモートではなくなるべく対面でやりなさい、などといった指導がなされることが多かったようだ。

対面授業が重要なことはよくわかる。指導する教員の側が慣れていないということもある。十分な設備も整っていない。初期投資もかかり、そのための資金に制約もあるだろう。その意味で、21年2月末に、何の準備もないまま、学校の一斉休校を決めた安倍政権の罪は非常に大きい。突然、リモート授業をやれと言われた現場は大混乱になって当然だ。大多数の教員にとって初めてのミッション、それを短期間でやれと言われれば、拒否反応も出る。それによって、かえって時間がかかってしまった。

今後は、平時からリモート教育の体制を準備し、少なくとも感染症による危険を回避する必要がある場合には、すぐリモートに切り替えられるようにしておくべきだ。リモートワークが広がり、働き方も変わる。学校でリモート教育の経験をしておくことは、リモートワークの訓練にもなる。したがって平時であっても、一定程度はリモート教育を取り入れるようにするべきだ。

そうした観点から見ると、リモートを含めたデジタル分野、ICT（情報通信技術）教育において、日本の学校が非常に遅れているのは、深刻な問題だ。

例えば、OECDが小中学校段階の教員を対象に行う国際教員指導環境調査（TALIS）において、日本の小中学校での授業におけるICT活用率は、小中学校ともに平均を大きく下回っている（図12。18年は中学校が下から2番目、小学校は下から4番目）。

要するに、学校の先生がパソコンやタブレットといったデジタル端末を全然使いこなせない。そのため授業の中でも、デジタル端末がほとんど使われない。ようやく、文科省が重い腰を上げて打ち出したＧＩＧＡスクール構想で一人一台の端末配布が20年度末までに実施されたが、デジタル教育は始まったばかりだと考えた方が良いだろう。

こうした環境整備の遅れは、ＩＴやデジタルの習得についての遅れにとどまらない。ＩＴが使えないと、国語力、読解力や表現力においても、劣っているという結果になる。今の社会では、あらゆることに関してパソコンやネットを駆使して調べ、その中から情報を取捨選択して自分の考えをまとめていくことが当たり前のこととして求められる。それができないと、「現代社会で標準となる国語力」がないと評価されるわけだ。日本の子どもたちは、学校でそういった作業の経験をしていないのだから、できないのは当然だ。

しかしそれが許される時代ではない。今やテスト自体にその能力が求められる。ある問題について、「パソコンを使って調べ、自分の意見を述べなさい」と言われた時に、デジタル機器を使いこなす能力がなければ答えられない。解答自体をキーボード入力で記入せよと言われても、普段使っていないのだから、できない……。したがって、ＯＥＣＤが進

図12●課題や学級での活動にICTを活用させる

ICTを活用した指導が日本は遅れている

（「いつも」「しばしば」行っていると答えた教員の割合）

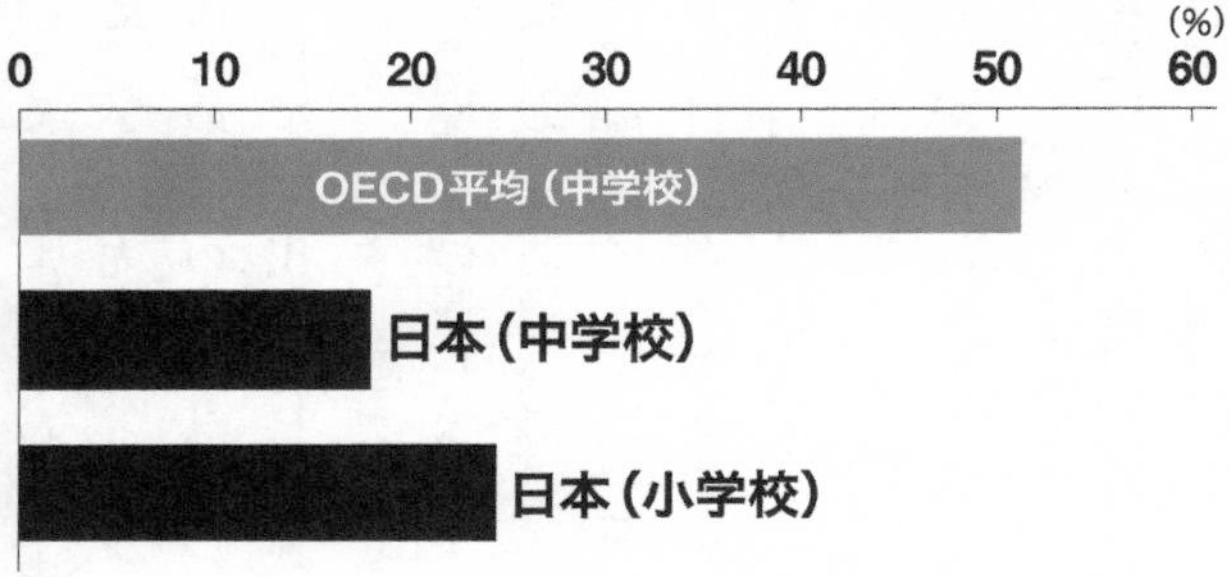

ICT活用に遅れ　日本の小中教員、OECD調査で判明：日本経済新聞 (nikkei.com)

めているPISA（国際的な学習到達度に関する調査）など、世界標準での学力テストをやればやるほど、日本の子どもたちの順位は下がっていく。ひと昔前は、「日本は義務教育レベルで世界1位」などとよく言われていたのが、今ではシンガポールや中国の方が上位にある。

世界の標準的なレベルに、日本の教育が追いつけなくなっているのだ。デジタル化の遅れには、学校でのデジタル環境、教員の習熟の問題もあるが、そもそも制度的にそのような教育を想定していなかったことが大きな問題だろう。ここを根本から変えていくとなると、かなり長い道のりだと言わなければならない。

「日の丸信仰」と「〈血と汗と涙〉信仰」

ここで、先に述べた日本の産業の凋落《ちょうらく》の原因は、いったい何なのかについて考えてみたい。その原因として、二つの「信仰」とも呼ぶべきものがあると私は考えている。

一つは「日の丸信仰」、すなわち「日本はすごいのだ」という思い込みだ。そしてもう一つが「〈血と汗と涙〉信仰」である。日本人は一つのことにこだわりはじめると、徹底的に突き詰めていき、どんなに大変であっても、いかに苦労しても、それを乗り越えてやり遂げる。その結果、ほかの国や民族がまねできない技術を持てる。だからこそ、そこに至る「血と汗と涙」のプロセスを美化する、という信仰である。この二つがセットとなって、今の状況を招いたのではないかというのが私の考えだ。

実際にこれは、経産省が大々的に日本の産業界、そして一般社会にも発信してきたことだ。何かあると、必ず経産省が音頭を取って、業界を束ねてプロジェクトを立ち上げる。むろん日本企業に限定して。半導体や液晶、スペースジェットもそうだった。

ところが、これらはことごとく失敗している。何故か。理由の一つは、政府が救済のために音頭を取って盛り上げたところで、結局弱者連合になってしまうことだ。みんなで集まれば何とかなるという発想でやるのだが、落伍者《らくご》が集まっても成功するはずがない。

また、確かに日本人は技術を突き詰めていった結果、世界最高の匠の技を持つに至ったかもしれない。それで一番有名なのは金型だろう。日本の金型技術は驚異的だ。ミクロン単位で制御されて作られたそれを手のひらで触ると、ここがちょっとまだ削り足りない、なんてことがわかる、それこそマスターオブマスターといった職人が磨き上げることで、やっと完璧な製品ができる。当然そこに至るまでは徹夜も辞さず……といった話が、美談として語られる。が、その代償として何が起きたかと言えば、長時間労働と低賃金である。「良いものを安く」代償を求めずに提供する。それが匠の精神である。逆に言うと、そうでもしないとできないということが想像できたから、他の国々は「匠の金型」を作ろうとしなかった。そんなモノを作ってもペイしない、不合理な働き方をする日本人だから作れるのだ、と海外諸国の人々は考えた。

まともな働き方で日本人に対抗するには、人の手技に代替するものを作るしかないと考え生み出されたのが、前述した３Ｄプリンターだ。その開発に欧米諸国は数十年にわたってエネルギーを費やした。今や、日本人の持つ世界最高水準の「匠の技」は、ごく一部を除けば３Ｄプリンターでほぼ代替できる。それで焦っているのが、日本の現状だ。

これは第8章で述べる「経産省解体論」とも絡んでくるのだが、やはりこのような「失敗」のベースになっている〈日の丸信仰〉と〈血と汗と涙〉信仰は、根本から見直していかなければならない。

それにつけても今気がかりなのは、5G通信だ。日本はここでの勝負をほとんど諦め、いきなり次の6Gのプロジェクトを立ち上げようとしている。NTT、トヨタといったいつものメンツを集めて、これまた日の丸でやる。6GでGAFAに対抗するという話も聞こえてくるが、日本企業が集まっても勝ち目はない。むしろ、世界のトップ企業といかに戦略的提携ができるかが重要だ。「昭和の思想」は終わりにした方がいい。今こそ大改革が必要なのだ。

菅政権に改革はできない

菅内閣は「改革」を掲げている。しかし、本当にできるのかと言えば、第5章でも少し触れたとおり答えはノーだ。第2次安倍政権同様、成り立ちからして改革ができる政権ではないのだ。

実は第1次安倍政権は、改革ができる政権だった。事実、改革の中でも非常に難しいと言われ、歴代内閣が手を付けられなかった官僚の天下り規制を行ったのは、第1次安倍政権だ。なぜできたかといえば、小泉政権を引き継いだからだ。

安倍氏は、「小泉改革」を継承する若きエースということで自らを売り出した。そういう立場で総理になったということは、逆に言うと改革をしなければ政権が危なくなるという状況だった。後に聞いた話だが、政権に就いた安倍氏が公務員改革をやると言った時、小泉元総理が「いや、偉いね。俺だってできなかったのに」と言ったそうだ。要するに小泉政権は、公務員改革に手をつけると官僚の抵抗に遭い危ないから、郵政改革や産業界の規制改革に特化するという道を選んだというわけだ。「改革する総理」というイメージをまとってその地位に就いた安倍氏は、それを思い切り推し進め、禁断の公務員改革に手を付けた……という流れだったのだ。

しかし、第2次安倍政権は第1次政権とは全く違った。石破茂氏と争った総裁選で、安倍氏は地方票で負けた。国会議員票で逆転して総裁の座に就いたのだが、それは派閥の領《りょう》袖《しゅう》が安倍氏を推したからだ。その理由は、派閥領袖が「石破氏は言うことを聞きそうにない」と判断したからだ。安倍氏なら大丈夫ということである。だがこれは、安倍氏は派閥の領袖に逆らえないということを意味する。大きな改革は、派閥の領袖たちが絡む既得権益の数々に、本格的に手を入れることになる。これを派閥の領袖たちが許すはずがない。第1次と違って、第2次安倍政権は、生い立ちからして改革ができる政権ではなかったのだ。

菅政権にも同じことが言える。菅氏は、二階派が中心となった主要五派閥が談合したおかげで、総理大臣の椅子に座ることができた。だから、派閥の領袖たちには逆らえないのだ。

このように見ると、改革を断行するには国民の支持が欠かせないことがわかる。派閥のしがらみをはねのけるには、少なくとも総裁選の党員投票で圧倒的支持を得なければならない。したがって、小泉氏のように世論をバックに総理になった人間でなければ改革は難しい。その意味でも、党員投票を避けたことで総理の座についた菅総理に、大きな改革を期待するのは無理だということなのだ。

菅氏が今掲げている改革のようなもの――ハンコ撲滅だとか携帯電話料金の値下げだとか、省庁縦割りの廃止、これらは小さな改革だ。菅政権としては、それをとにかく大きく見せるしかない。本当に大きな改革を掲げると、巨大な既得権益との戦いになり、派閥の親分たちの反対が強まる。当然それは避けなければならないという考えだ。

幸い、改革の看板は河野太郎行革大臣に背負わせている。発信力のある河野氏に上手に頑張ってもらえれば、菅総理が頑張っているように見える。そして反対に、改革に失敗したと世論に批判される時が来たら、「河野氏の力量不足だ」と責任転嫁する計算だろう。

第8章　真の先進国になるための改革

「そもそも日本経済に成長は必要か?」

前章まで、日本には改革が必要だという話を繰り返してきた。改革というと、政治改革、行政改革、規制改革、公務員改革など様々なものがあるが、これまで特に強調されてきたのが、日本の経済をもう一度立て直すための改革である。内容的には「経済効率優先の改革」と言っても良い。経済界から強く求められるものが多いが、純粋に専門家などの提言によるものもある。

一方で、改革なんて本当に必要なのか、という懐疑論もある。「改革」と聞くと即座にアレルギー反応を示す人もいる。小泉改革が植え付けた負の側面だと思うのだが、改革＝弱者切り捨てというイメージがあるからだ。それで、改革と言ったとたん拒絶反応で議論が進まなくなることがよく起きる。こうなると、「改革は痛みが伴うものだ。今日本は危機にあるのだから、痛みに耐えてください」と訴えても、拒絶されるだけで、逆効果でしかない。実際には、改革が足りないために多くの分野で問題が生じているのだが、そうした分野の改革にもすぐに「弱者切り捨てだ」という反対が起き、大きな改革が進みにくくなっている。その上、こうした動きに対して「反改革」というレッテルを貼って攻撃する「改革派」もいて、対立は激化する。

さらに、自民党の守旧派がそうした改革反対の声を利用して、既得権を守ろうとしている。農協利権擁護の動きを、リベラルが支持するというのが典型例だ。どちらが正義かが非常に見えにくくなっているのだ。

こうした状況は、小泉改革を進めるときに、既得権のための規制を見直すという大義名分の下で、結果的に大企業優先の改革だけを行ってしまったことに起因する。例えば、働き方の多様化は確かに必要だったが、それは組合や労働者から出た声ではなく、大企業から出てきた要望だった。派遣や請負に関する規制緩和により、企業側から見ると非正規での雇用がしやすくなったのだが、セーフティネットを同時に整備するという発想がなかった。労使が前向きに話し合えば、そうした要求を労働側が強く出すこともあり得たが、当時は「規制緩和が善か悪か」というそもそも論で対立し、規制緩和を止めることが労働側の目標になったために、それを進めた上でどうするかという議論にならないまま、自民党が数で押し切ってしまった。

そこには、官僚の問題もある。規制を緩和した時には必ず問題が起きるはずだという意識を持って、想像力を働かせれば、セーフティネットを強化する提案ができたはずだ。規制を緩和するかしないかだけではなく、緩和した上で、新たに生じる問題に対応するという、考えてみれば当たり前のことがいつも忘れられていた。

欧米では、「規制緩和」という言葉は90年頃にはほぼ死語となり、「規制改革」という言葉に置き換わっていたが、日本では「規制改革」という言葉だけは使われるようになったものの、それが何を意味するのかが政治家にも官僚にも正しく理解されていなかった感がある。

今後、規制を変えるときには人々の思考や行動が変わるから、従来生じなかった問題が必ず起きるはずだという前提で、それに対する対策をセットで講じていかなければならない。

「規制をなくし、競争を強化すれば、みんなが幸せになる」というような単純な発想では、社会に受け入れられない。これだけ格差が拡大した状況では、これまでの改革に欠陥があったことを率直に認めるところから始めるべきだ。

そうした前提に立って、改革に反対する人たちに「今のままでいいのですか」と訊《たず》ねれば、「そんなことはない」という答えが返ってくるだろう。それどころか「ここをこうしてください」という話がたくさん出てくるはずだ。それは、単に困っているから資金援助をして欲しいという話にとどまるものではない。ニーズの裏には必ず制度的な問題が隠れている。それをすくい上げて、「改革」につなげる。そうした姿勢を示すことで、改革に対する理解は確実に広がっていくのである。

今まで述べたことを標語的に表せば、「経済効率優先の改革」から「経済的・社会的正義を実現するための改革」への転換ということになる。これは、「日本が真の先進国になるための新たな改革」と言い換えることもできる。

「先進国」の条件は国民の幸せ

そう言うと、「日本はとっくに先進国だ」と思うかもしれない。確かに、日本は名目GDPで米国、中国に次ぐ世界第3位。一人当たりGDPでも90年代には世界のベスト10入りを果たし、立派な先進国になった……はずだった。その時以降、日本人は、自国を先進国だと信じて疑うことはなかった。一人当たりGDPが世界23位に落ちた今もである。日本は経済的に豊かになったから、もはや日本に経済成長は必要ないと主張する人たちもいる。

図13●2021年 世界幸福度ランキング TOP10

右側の数字は一人当たりGDPの世界ランク（2020年）

1位	フィンランド	13位
2位	デンマーク	6位
3位	スイス	2位
4位	アイスランド	7位
5位	オランダ	10位
6位	ノルウェー	4位
7位	スウェーデン	12位
8位	ルクセンブルク	1位
9位	ニュージーランド	21位
10位	オーストリア	14位
56位	日本	23位

国際連合持続可能な開発ソリューションネットワーク「世界幸福度報告書」

だが、国連が発表する幸福度ランキングの作成方法を見れば、その主張は誤りであることがわかる。このランキングは、六つの項目についての調査でランキングを決めるのだが、その内容は①人口当たりGDP、②社会的支援、③健康寿命、④人生の選択の自由度、⑤寛容さ、⑥腐敗の認識だ。つまり、一人当たりGDPという経済的豊かさが国民の幸福度の重要な指標として採用されているのである。ランキングトップ10を見ても、日本よりも一人当たりGDPが低い国はない。ニュージーランド（21位）以外はすべて15位以内と、かなりの上位だ。

図14●2020年　1人当たり名目GDP（IMF統計）

日本の豊かさは先進国では下位

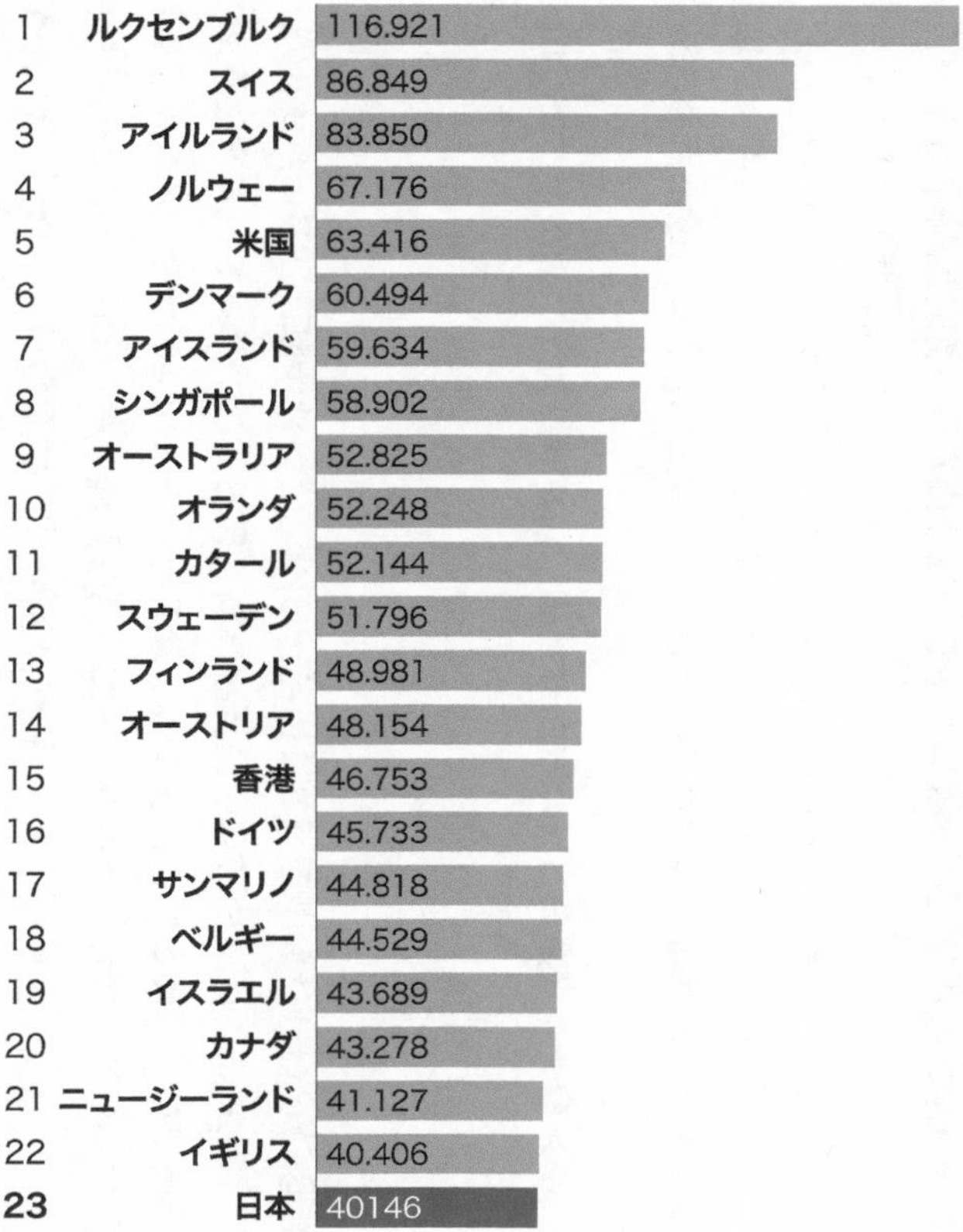

単位：US$　　データ更新日：2021年4月9日
IMF https://www.globalnote.jp/post-1339.html より

「二つのやさしい」と「一つの厳しい」を満たす国

経済的豊かさでも先進国と言えるか疑問の残る日本であるが、仮に昔のように経済が復活すれば先進国と言えるかと言うと、そうではない。日本には真の意味での先進国と呼ばれるための条件が欠けているからだ。では、真の先進国とは何か。もちろん、経済的にある程度豊かであることは大前提となるが、その上で三つの原則を満たすことが必要だと私は考えている。

1　人にやさしい

抽象的な言い方であるが、一言で言えば、国家や企業などの組織よりも個人を優先するということである。

これを経済の発展段階で見れば、経済的に余裕がない時代は、労働条件が劣悪でも目をつぶり、国民が必死になって働く。その結果、豊かになると、もう少し人間らしいゆとりある生活を保障しろという要求が出てくる。賃金引き上げと、労働時間短縮と十分な休暇、社会保障の充実も求められる。

つまり、国全体の平均値で経済的に豊かだというだけでなく、個々の人間ごとに見て安心して生活できる社会だ。その際、個人の生活を優先するルールを作ろうとすると、企業が困るという事態がよく起きる。その時、国家あるいは企業などの組織よりも個人を優先することが、先進国の条件である。

2　自然・環境にやさしい

地球環境にやさしいと言い換えてもいい。

発展途上段階では、自然を保全するよりも自分たちが生きていく方が優先される。だが経済的に豊かになれば、自然を守ろうという機運が生まれる。また環境を無視して開発を進めると、公害で人の健康が害され、景観も壊れ、災害も誘発される。野放図な成長優先主義は限界に達し、環境保全のための様々な規制が導入される。企業にとって厳しいのは事実だが、それよりも環境を優先するのが先進国の条件なのだ。

さらに今日では、地球全体が無制約の開発による限界にぶち当たった。「持続可能性」がキーワードであり、地球温暖化対策においては途上国も含めた国際協力が必要だが、これまで環境破壊の主役であった先進国にはより大きな責任がある。

3　不公正に厳しい

フェアなルールが厳格に適用されるということである。「公正」な社会が実現できていなければ先進国とは言えない。

社会の中に不公正がはびこっていれば、どんなに経済的に豊かになっても国民は幸福だと感じられない。不公正を正すためには様々なルールが必要だ。だが、立派な「ルール」が整備されていればそれで良いということにはならない。そのルールが厳格に運用されていなければ意味がない。欧米先進国では、ルール違反にはかなり厳しい罰則があり、しかもそれが厳格に運用されている。その結果国民は、自分たちの政府や社会が公正に運営されていると感じ、それが幸福感を押し上げるのだ。

人にやさしくない日本

では、以上の3条件に照らし合わせたとき、日本は先進国と呼べるのか。

一つ目の「人にやさしい」という条件が満たされているとは、誰も考えないだろう。例えば、労働時間を短縮しようとか最低賃金を引き上げようと言うと、必ず「中小企業が困るからダメだ」という声が出る。これまでの日本では、中小企業は弱者だから保護すべきだとなっていた。その結果、サービス残業は放置され、残業時間規制も事実上の青天井という時代が続いた。最低賃金も非常に安いままだ。すべては、企業を優先し、個人を劣後させた結果だ。

それに比べてヨーロッパでは、対応が全く違う。企業よりも国民の生活を優先する。時には、企業が潰《つぶ》れても放置する。一方で、それにより一時的に失業者が出る場合には、手厚く労働者を保護する。失業保険だけでなく、職業訓練や大学での学び直しなどで、より良い仕事に就くことを支援するのだ。国民一人一人の生活は困らせないという哲学が、非常にはっきりしている。

一方、日本では、企業を潰さないどころか、企業を困らせることすらしない。失業者を出さないようにという名目で、潰れても仕方ないような会社に補助金を出して温存する。そういう企業が多いと、その後も最低賃金を上げられない。企業側も、雇用を守るためだから、賃上げは我慢しろと労働側に平気で要求する。ヨーロッパでは、労働時間が長い企業、賃金が安い企業で働く労働者はかわいそうだと考え、労働条件を上げられない企業は潰れてもいい、労働者は他のもっと良い企業で働くべきだという発想になる。

それこそが、人にやさしい先進国である。

日本では、最近になってようやく、人手不足のおかげで残業規制の強化や最低賃金の引き上げが行われ始めた。

人にやさしいということの他の例を挙げてみよう。最近様々な形で顕在化している女性差別問題も、先進国は「すべての」人にやさしい社会でなければならないという視点で見れば、日本が先進国ではないことの証《あかし》だ。世界経済フォーラムによる2020年版男女格差レポートでは、日本は153か国中121位とされたが、これは最後進国と言っても良いレベルだ。世界銀行がビジネスと法律の観点で出している「Women, Business and the Law 2021」でも、日本は190か国・地域中80位と低いレベルにある。いまだに選択的夫婦別姓さえ認められないという驚くべき状況は、それを示すほんの一例に過ぎない。この問題は、前述した幸福度ランキングにおいて国連が重視する「人生の選択の自由度」という面からも問題である。

自然・環境にやさしくない日本

二つ目の「自然・環境にやさしい」はどうか。

人にやさしいという条件と同様、環境にやさしい社会を目指せば、企業に負担がかかる。環境規制を強化しようとすると必ず、企業が潰れてしまうという反対論が出て、なかなか前に進めない。だが、それを乗り越えてこそ先進国と呼ぶことができる。

日本は環境規制に関して、実は世界の中でもかなり遅れてしまった。例えば水質保全においては、中国の方が日本より基準が厳しくなっている（執行の公平性の問題はあるが）。中国に進出している日本企業が撤退する理由の一つに、環境保全基準が日本より厳しくなってきたことを挙げる企業が増えているそうだ。ＥＵと比べれば中国ははるかに遅れているし、アメリカもトランプ大統領の下で、連邦政府の規制が緩められたりしたが、その間もカリフォルニア州など先進的な州では、環境規制は日本よりはるかに進んでいる。

例えば、カリフォルニア州が２０３５年にガソリン車、ディーゼル車の販売を禁止すると表明して衝撃が走ったが、ヨーロッパでもドイツ、アイルランド、オランダが２０３０年から禁止。イギリスは２０４０年から禁止としていたのを、10年早めて２０３０年から禁止、ハイブリッド車（ＨＶ）でさえ35年までに販売を禁止する方針だ。ちなみにノルウエーは25年にガソリン車、ディーゼル車の新車販売を禁止する予定だ。

日本も世界の潮流に遅れること久しかったが、前述のとおり、菅総理は50年までに温室効果ガスの排出を実質ゼロにする（カーボンニュートラル）と表明した。しかし具体策は見えず、ただの人気取り政策の域を出ていない。20年12月には２０３０年代「半ば」までのガソリン車の販売禁止を検討し始めたが、純粋なガソリン車を禁止するだけで、プラグインハイブリッド車（ＰＨＥＶ）はもちろん、ＨＶでも良いという、全く中途半端なものでしかない。

もう一つ、あまり知られていないが非常に重要な話がある。ひと昔前は、日本は省エネ大国だと胸を張っていたが、21年に入ってとても残念な法律が施行された。「建築物省エネ法」の改正法である。日本で脱炭素化が最も遅れている分野の一つが、建築だ。日本の全エネルギーの約3分の1が、建築分野（一般用住宅と業務用）で消費されている。その分野で省エネを進める法律が4月から施行されたが、その内容があまりにも酷《ひど》い。

国が定めた省エネ基準への適合が義務付けられているのは、住宅の床面積合計が２０００平方メートル以上の大きな建物に限られていたのを、今回の改正で３００平方メートル以上まで拡大した。だが３００平方メートル未満の住宅では、その義務化を見送った。つまり、普通の家のほとんどが省エネ基準を満たさなくても良いまま放置されたのである。基準適合を義務化すると住宅価格が上がり、住宅が売れなくなって、中小工務店が困るという、いつもの反対理由が出てきた。

しかしもっと酷い話がある。それは、義務付けようとしている省エネ基準が、１９９９年のもので、今最も厳しいドイツの基準と比べると、年間に使用する灯油タンクの量で何と約7倍にもなるレベルの低さなのだ。省エネ住宅どころか、「エネルギー大浪費住宅」である。この日本の省エネ基準は「次世代」省エネ基準と名付けられているのだが、「石器時代」省エネ基準と名称変更した方が良いのではないか。さらに、こんな住宅に国交省は補助金までつけるというのだから、どこまで愚かなのか。涙が出そうである。

悪人は逃げ切り、不公正が横行する日本

公正なルールの厳格な運用という条件を満たしていない例を見てみよう。日本では、「サービス残業」という不思議な言葉がいまだに存在する。そもそも「サービス残業」という言葉は日本にしかない。残業したのに残業代を払わないと言うと、海外の人は、「それは賃金不払いだから、雇い主を捕まえて牢屋《ろうや》に入れればいいじゃないですか」と言う。確かにその通りなのだが、現実には、サービス残業は横行している。残業の上限規制についても、過労死するまで残業させられていたというニュースは頻繁に聞くが、電通のような大企業が繰り返し規制違反をしても、社長が罰せられたという話は聞かない。

不公正は、霞が関にも永田町《ながたちょう》にも蔓延している。21年の総務省の接待スキャンダルでも、軽い懲戒処分だけでお茶を濁して逃げた官僚がいる。武田総務相も「国民の疑念を招いて

いない」と強弁し、大臣の座に居座った。河井《かわい》克行《かつゆき》元法相の買収事件でも、買収資金と見られる1億5千万円もの金銭を提供した安倍前総理や二階幹事長などの責任については、そもそも捜査さえされずに終わった。

森友学園問題では、公文書改ざんを部下に強要した佐川宣寿元理財局長らの犯罪行為も不問に付された。自殺した赤木さんが経緯を克明に記した、いわゆる「赤木ファイル」についても、21年5月6日まで、その存否すら明らかにせず、ようやく存在を認めたと思ったら、国会開会中は開示しないという。しかも、開示する文書には黒塗り部分があると、堂々と前もって宣言するありさまだ。菅総理も、総理就任前から一貫して再調査を拒否している。加計学園問題でも、学園理事長による安倍前総理への接待が頻繁に行われていたことについて、捜査が行われた形跡もない。

日本の特徴として、消費者保護が非常に弱いことも挙げられる。詐欺的商法でお年寄りが食い物にされても放置される。この分野では、「ルール」自体が非常に甘いままだ。

公正なルールがなかったり、あっても厳格に運用されなかったりする日本は、先進国とは言えないことが明らかだ。

四つの分野でリフォーム・オブ・リフォームを

以上三つの視点は、「先進国」かどうかの基準だと説明してきたが、「私たちが目指す理想の国、社会」の基準と言い換えることもできる。それは同時に、私たちがどんな社会を求めるかという哲学でもある。

ここまで見てきた通り、日本にはまだまだ足りないところがあり、それを変えて行く必要があるということだ。ただしその際、変えていくのは単なる従来型の「改革」としてではなく、前述した三つの視点を強く意識した新しい改革として挑んでいかなければならない。私はこれを「リフォーム・オブ・リフォーム（改革の改革）」と呼んでいる。

さらに、改革を進める時にもう一つだけ大事なチェックポイントがある。それは、その改革が「弱者のための改革」「少数者のための改革」になっているかということだ。この視点で見ると、良かれと思って行う改革で結果として弱者や少数者が犠牲になるという、今まで繰り返してきた失敗を、防ぐことができるのではないかと思う。

ここから先は、具体的に何をどう変えるのかということになる。もちろん、そのすべてを論じることはできないので、ここでは、私が特に重要だと考える改革の四本の柱について、いくつか代表的な改革案の例を紹介することにしたい。

私が掲げる四本の柱は、DX（デジタルトランスフォーメーション）、GX（グリーントランスフォーメーション）、分権改革（もう一つのDX）、そして教育改革（EX）の四つである。

DX改革の目玉が「デジタル庁」？

今世界中でポストコロナの社会に向けた政策の柱として、真っ先に挙げられるのがDXだ。DXという言葉は、新型コロナ感染症の拡大前から盛んに使われていた。非常に深く広い意味を持つ言葉だが、Wikipedia によれば「ITの浸透が、人々の生活をあらゆる面でより良い方向に変化させる」という概念だとされる。単に個々の機器、システム、プロセスがIT化されるということにとどまらず、社会のあらゆる分野でIT化を進めることで、社会の仕組みそのものを変えてあらゆる問題を解決していくということである。とてつもない意味を持つ言葉だ。

企業や産業、さらには安全保障の分野においても、DXが競争の根本を規定するので、世界中のほぼすべての国が猫も杓子《しゃくし》も「DX推進！」という旗を掲げている。菅総理も、20年9月の自民党総裁選で、各省に分散しているデジタル分野を扱う組織を一元化し、各国と比べ遅れが指摘されている「官民の」デジタル化を一気に推進すると述べた。しかしこれまで述べてきた通り、その全体像も見えず、具体策もチマチマとした寄せ集めで、これで日本が変わる！　というワクワク感がない。そして最近は、やたらとデジタル庁の話が前面に出るようになったが、この構想は失敗する予感がする。

デジタル「省」を避けた官僚たちの思惑

菅総理が「各省に分散しているデジタル分野を扱う組織を一元化せよ」という指示を官僚に出した時、官僚たちは何を考えたのか。私にははっきりと想像がつく。官僚たちは、デジタル「省」を作ったら、省庁再編につながる可能性があると危惧《きぐ》したはずだ。例えば厚生省と労働省が厚生労働省になることで、二つあった次官ポストが一つになったように、新しい省ができるということは、彼らの利権が減ることを意味する。デジタル省を作れば、行政改革の観点で「一つ省を潰せ」という議論になるのはわかり切っている。おそらく、二つの省を合わせて一つにするという、数合わせになるだろう。では、どこの役所が対象になるのか。そう考えれば官僚としては、何としても「省」の創設は止めようとなるのである。その代わりに「庁」を作りましょうと提案するのだ。

ＤＸは日本社会を根本から変えるくらいの大改革だ。これから何十年も続いていく。日本がここでの遅れを挽回《ばんかい》し、トップを走れる状態にもっていくには、相当強力な組織を作る必要がある。だが、デジタル庁では、担当大臣はいても、責任者は菅総理だ。担当相は置かれるが、今もＩＴ担当相はいる。事務局は５００人規模とある程度確保されるが、それでも普通の「省」とは桁《けた》が違う。しかもそこに集まる官僚たちは、基本的に各省庁からの寄せ集めで、２年で元の省庁に戻る。原子力規制庁が独立組織だと言いながら、結局、経産省の事実上の植民地になったように、おそらくデジタル庁もいずれ各省庁の陣取り合戦が始まり、経産省と総務省などが主導権を握ることになるだろう。

デジタル省で経産省と総務省を解体・縮小

前章で見た通り、日本の「デジタル敗戦」の最大の原因は、経産省のデジタル産業政策の失敗と、総務省の通信放送行政の失敗にある。しかも経産省は、国の持続化給付金事業で再委託や外注を繰り返し「丸投げ」や「中抜き」などが行われていた不祥事でわかった通り、コロナ禍におけるデジタル活用でも業者と癒着して利権を拡大していた。総務省も、通信放送事業者との癒着で、その利権体質が暴露されたばかりだ。こんな役所が中心的な役割を担うようでは、DXがまともに進むはずがない。両省から人事面でも独立した組織が必要だ。私のイメージでは、まず経産省からデジタル関連部門を、総務省からは通信放送部門を、そして、内閣府のデジタル関連部門と各省庁のシステム部門をデジタル省に集約する。もちろん、各省庁の調達を一元化し、運用の司令塔もここに置く。詳しいことは省略するが、最も大事なことは、総合的なDX戦略を策定し、それによってどのような社会を作るかを構想することだ。その上で、各分野の具体的計画を作る。インフラ整備や戦略産業の育成なども、各省バラバラに行うのではなく、ここが一括して担えばよい。

永続的存続を前提とするデジタル「省」になると同時に、当初から各省の出向ではなく、「転籍」を前提に人を集める。退職後も5年程度は、元の役所に戻れなくするのだ。そうすれば本気でデジタル省のために頑張る官僚が集まる。ただし、官僚出身者はほんの少しでよい。例えば、500人の人員規模なら、9割以上を民間出身とすべきだ。官僚は50人もいらない。

私は2002年に、株式会社産業再生機構という、ほぼ国営の事業再生会社を作ることに関わったが、その時は官僚出身者は一桁。あとは全部民間のプロフェッショナル人材を集めた。社長も役員も全員が民間人で、事業運営はすべて民間人が決定し、大臣、あるいは総理に対しても、直接民間出身の社長が説明するという徹底した民間人主導の体制をつくった。私は唯一の官僚出身の執行役員として出向したが、それが官僚の中のトップで、あとは課長補佐クラスが何人かいただけだ。その結果は大成功で、4年間でダイエー、カネボウなどの事業再生を終えて解散。しかも大幅黒字を出して国庫に貢献した。

21年9月にできる予定のデジタル庁は、各省庁のデジタル、通信放送部門を集めることもしない上に、全500人のうち400人近くを官僚にするという。事務方トップを民間人にするというが、トップはもちろん、幹部は全員民間人にするべきだ。役人は、陣地取りのために送り込まれてくる。デジタルの素人である官僚が大量にいて、陣取り合戦を始めればどうなるか。今からでも良い。人材集めを一からやり直すべきだ。

デジタル省で公務員改革も実現

現在、霞が関では、忖度《そんたく》官僚の存在が最大の問題となっている。これを生む最大の原因は、政権の側にあるのだが、官僚サイドでこれを正すことはできないのだろうか。

第3章で述べたとおり忖度官僚が跋扈《ばっこ》する最大の理由は、官僚が役所を辞められないからだ。それなら、辞められる人間を官僚にすればよい。元々民間出身者なら、省庁にしがみつく必要はない。辞めても仕事に困らず、むしろ賃金は民間の方が高くなるという人ばかりなら、誰も忖度してまでとどまる必要はない。

民間人登用の目的は、役所にはない知恵を借りるためだと考えがちだ。だがそれ以上に、民間人が増えれば、役人が国民の利益のためにではなく、彼らの利権のために動いたり、悪事を働こうとした時に止めようとする人間が増え、内部告発も活発化する効果が大きいということに気付いていない人が多い。官僚を国民のために働かせるための組織にする。それが、民間人登用の最大の効用なのだ。いつ辞めても困らない民間人を増やすことが、官僚の過剰な忖度をやめさせる上で非常に重要なのである。

前述した産業再生機構では、設立後、経産省と財務省から天下りを送り込みたいという話が出た。「だったら全員で辞めます」と、マネージングディレクタークラスの民間人が連判状を書いて、大臣に差し出した。それは困るということで、結局天下りはなくなった。

もちろん、民間人として入った職員が常に正しいとは限らない。自分たちの利権を得ようとする輩《やから》も出てくるかもしれない。だがそのときは、クビにするのも容易だ。人事権は大臣が持っている。

さらに、民間だけでなく、外国人も積極的に登用した方がいい。できれば、デジタル大臣を外国人にしても良い。憲法違反だという人もいるが、そんなことはない。特別に法律を作ればできる。イギリスでは、カナダ人を中央銀行総裁という重要なポストに迎えたこともある。もちろん、事務方トップでも外国人を登用したらよい。役所の人材の日の丸主義脱却も必要だ。

これらは公務員改革、省庁の組織改革そのものにつながる。デジタル省には、そういった大きな改革の先兵ともなってほしい。

公正な社会を作る切り札「マイナンバーカード」

菅総理は就任早々、「マイナンバーカードの普及促進を一気に進め、各種給付の迅速化やスマホによる行政手続きのオンライン化をする」と述べた。マイナンバーカードを「デジタル化」の切り札にという考えだ。

政府は21年5月12日に成立した「デジタル改革関連法案」には63本の法案が含まれている。国民の生活や権利に密着した話が多く、極めて重要な法案だ。実はこの中に、個人のマイナンバーと預貯金口座を紐《ひも》づけ、政府から個人に対する給付を、マイナンバーカードを使って行うための法律が含まれている。

だが、この法律には腑《ふ》に落ちないことがある。政府は、口座の紐づけは義務化しないという。希望者だけが口座を登録する。登録すれば、例えばコロナ禍で実施された特別定額給付金のような政府からの資金を、すぐに受け取ることができると言えば、貧しい人にはどう聞こえるか。「紐づけしないとなかなかお金をもらえないよ」と聞こえるのではないか。事実上紐づけを強制される制度になる。一方、裕福な人は、口座紐づけは気持ち悪いと思えば、別に急がずとも郵送された紙を送り返すという従来の手続きで給付金を受け取ればいい。貧しい人には事実上登録義務化で、金持ちは自由という制度なのだ。

私はマイナンバーカードによる資産把握については賛成だ。給付の効率化というメリットはもちろんだが、それよりも、資産を把握することで「弱者」の把握が容易になり、きめ細かい福祉サービスにつなげることができる。

口座紐づけには、もう一つ大きなメリットがある。すべての資産、すなわち預金、株式など有価証券、不動産、ゴルフ・リゾート会員権などをマイナンバーと紐づけ、その上で、資産情報を税務当局が活用できることにすれば、特に富裕層の脱税の摘発・防止に大きな効果が期待できる。

さらに政治資金の収入支出もそれによって管理し、併せて入出金をすべてキャッシュレス化することを義務化すれば、政治資金規正法の網の目をかいくぐる不正の摘発が容易になるだろう。政治資金の収支報告も、四半期ごとにネットで入出金記録と使途を完全公開させるということも可能になる。

一般国民に先行して富裕層と政治家に全資産紐づけを義務化し、大規模な脱税や大物政治家の政治資金不正などを摘発する実績を見せれば、マイナンバーの活用に国民は賛成するはずだ。またその間、情報漏洩などがなければ、情報管理への信頼も高まる。

こう考えると、今回の「預金口座登録関連法」は、全く不十分な法案であることがわかる。少なくとも、政治家には全口座の紐づけを義務化すべきだ。一定額以上の収入のある富裕層への義務付けも、段階的に開始できるようにすることも必要である。その際、預金口座以外の証券、不動産、ゴルフ・リゾート会員権などあらゆる資産についての把握も進めるべきだ。

しかし、菅総理はこうした改革は絶対に行わないだろう。それは単に、政治資金や自分の収入の裏情報が明るみに出ることを怖れるからだけではない。例えば、自民党の政治活動に流用している官房機密費について、自民党の組織や与野党の政治家の口座に機密費が入るのを把握されることにつながれば、非常に都合が悪い。

口座の紐づけは、貧しい人、困っている人への給付を迅速確実に行うという観点で見れば、「人にやさしい」改革だ。政治家や金持ちの不正を糺《ただ》すという意味では、「不公正に厳しい改革」でもある。「社会的・経済的公正の実現のため」の改革ということもできる。マイナンバーの中途半端な使い方を見ると、菅総理の言う「改革」は、単なるイメージ先行の「人気取り」のためでしかないのではないかという疑念がますます高まってくる。

GX　グリーントランスフォーメーション

「改革の四本の柱」の二つ目は、温暖化対策を中心に、持続可能な社会を目指す改革だ。自然、地球環境との共生を目指すと言っても良いだろう。ここでも日本は先進国で最も遅れている。今、世界には、グリーンリカバリー、グリーンニューディールなどという言葉が溢《あふ》れている。しかしリカバリーというと、新しい社会を作るというイメージが湧かない。ニューディールというと、経済対策というニュアンスが抜けない。持続可能な社会を目指すことが、新しい理想の社会につながり、その過程で今直面している様々な問題の解決につながるという「大きな意味」を込めて、本書では「GX＝グリーントランスフォーメーション」という言葉を採用することにした。その内容は社会構造と人間の行動・思考すべてを変えるものだが、すべてに言及するのはもちろん無理だ。ここでは、いくつかの考え方や具体例を挙げて、考える材料を提供することにしたい。

GXを進めることは、自然との共生を図るということを意味する。共生というより、人間が自然の一部となると言った方がいいかもしれない。これまで思想としては、常にそういう考え方は存在していたし、多くの人々が、そうできればいいなとあこがれてきた。しかし実際には、経済成長、個人の所得向上、利便性の追求のために、常に人間が都合よく自然を「利用」すると言いながら「破壊」してきたのが、これまでの歴史だ。自然を大事にしたいが、そうすると人間の利益や利便性が損なわれる、というジレンマがあった。だが近年、様々な技術、とりわけ再生可能エネルギー（再エネ、自然エネルギー）関連の技術が進歩し、人間の利益や利便性を損なうことなく、自然を守ることが可能になってきた。

再エネはコストが高く、供給量も不安定だと批判されてきたが、技術の進歩で価格は安くなり、供給量の不安定さについても、蓄電池やＶＰＰ（仮想発電所。各地に存在する小規模の再エネ発電を、まとめて制御・管理することで、一つの発電所のように機能させること）などで克服できることが証明されている。再エネは高くて不安定だといまだに言っている国は、世界中で日本だけだ。

ＧＸを進めるためには、前述のＥＶの話や住宅の省エネ基準の話も重要だが、何よりも電力改革について、抜本的に見直すことが必要だ。80年代以降、世界中で規制緩和が進み、主要三分野といわれた金融、通信、電力のうち、前者二つの改革は日本でもかなり進んだが、電力については、日本は大きく後れをとったままだ。書くべきことは山ほどあるのだが、ここでは原子力発電と再エネ電力の問題に絞って考えてみたい。

原発は、発電の際に温暖化ガスを出さないので、再エネと並んでクリーンエネルギーとして宣伝されている。しかし温暖化ガスを出さないとしても、発電の後に残る放射性廃棄物、「核のゴミ」の問題が解決不能な現状では、決して「クリーン」なエネルギーとは言えない。

原発には核のゴミ問題の他にも、安全性、事故の際の避難計画、損害賠償など、深刻な問題が山積しているのだが、実は原発のせいで、日本の再エネの発展が大きく阻害されてきたということも非常に大きな問題である。

原発は不滅だという前提に立つ大手電力会社は、原発がすべて再稼働しても大丈夫なように、送電線の容量を確保してきた。このため実際には大きな空き容量があっても、再エネによる電力の送電を受け入れない。そして送電線増強が必要だと言って、莫大な費用を再エネ発電を行う新電力に払わせる。明らかに再エネの普及を妨げる行為だ。

また、原発が動くと電力が余るのだが、その場合にも原発を止めることは絶対にしない。原発は一旦《いったん》止めると、再開するのに時間とコストがかかるからだ。そこで発電量が多すぎる場合には、新電力に再エネ発電を止めろと強要する。新電力側は、いつ発電を止めろと言われるかわからない。再エネ発電も、止めれば採算が大きく下がる。ＥＵなどでは、再エネ電力は最優先で送電線に接続することになっており、他の火力発電などで調整することが求められる。発電量の変動が大きい再エネが優先されるから、逆に、発電量を瞬時に調整するための電力網のシステムや市場取引の仕組みが急速に発展した。日本では、変動が大きな再エネが真っ先に遮断されるので、そうしたニーズは生まれず、技術レベルは10年以上遅れている。

「原発を動かせ」と言いながら廃炉にする方法

再エネ普及の最大の障害である原発は止めるべきだ。しかし単に原発を止めろと言っても、いわゆる「原子力ムラ」は強大な力を持っていて、政治的にはなかなか進まない。また裁判でも、ごく少数の例を除き「止めろ」とはならない。結局、国民の大多数が、止めるべきだと「強く思う」という状況にならなければ、脱原発は難しい。

そこで私は、少し違ったアプローチで脱原発にもっていく方法を考えた。それは、「原発はどうぞ動かしてください」と言うところから始まる。

国会に大手の電力会社の社長を呼んで国民の前で議論するのだ。原発を動かすための議論なら社長たちは拒否できない。そこでまず、絶対に安全な原発だけを動かしてくださいと言えば、「もちろんです」となる。その後、日本は地震が多いから、原発の耐震性を高めることが重要だということについて同意を求めた上で、こう言う。「では御社の原発は、民間の耐震住宅並みの強度くらいは達成できているのでしょうね」と。

民間の耐震住宅並みの耐震性を求めると言うのがポイントだ。国民はそれくらいは当然だと思う。原発はその何倍も頑丈に作られているとほとんどの人が信じているからだ。社長たちは、一瞬沈黙するだろう。

そこで、こちらが以下の事実を明らかにする。日本では2000年以降、最大で1000ガル以上を記録した地震が18回（ガルは揺れの強さを表す単位）、700ガル以上は31回起きていること、そして住友林業、三井ホームの耐震性は、3400ガル、5100ガルというレベルであることなどである。その上で、「もちろん、原発の耐震性は民間住宅の耐震性を上回っているのですよね」と質問するのだ。

社長は答えに窮するだろう。例えば、四国電力伊方《いかた》原発の耐震性は、たったの570ガル（後に650ガルに引き上げ）、関西電力大飯《おおい》原発3、4号機でも856ガルである（図15）。それをこちらが提示すれば、国民は「なんだ、これは！」と驚くとともに、憤りを感じるだろう。社長が、いろいろな科学的知見により、「原発付近にはそんなに大きな地震は絶対に来ません」と言っても、誰も信じないだろう。

次に、万一事故が起きた時に損害をすべて賠償するために、民間の保険に入ってくださいと要求する。実は、現在の法律では、万一の事故の時のために、国営の保険のような制度があるのだが、それにより支払われる保険金額はたったの1200億円に過ぎない。数十兆円を超える損害となる可能性が高い事故に対して雀の涙と言ってもよい額だ。社長は、極めて安全なので、そんな必要はないと言うだろう。さらに追及されると、そんな保険を引き受ける保険会社がいないと言う。こちらが、「極めて安全で、事故が起きる確率が極めて低いなら、非常に安い保険料で保険を受けてくれるはずではないか。安く引き受けてくれないということは、市場では安全でないと評価されているからだ」と言えば、国民は、損害賠償ができないのに原発を動かすべきではないと思うはずだ。

図15●日本における2000年以降の主な地震と民間住宅・原発の耐震性

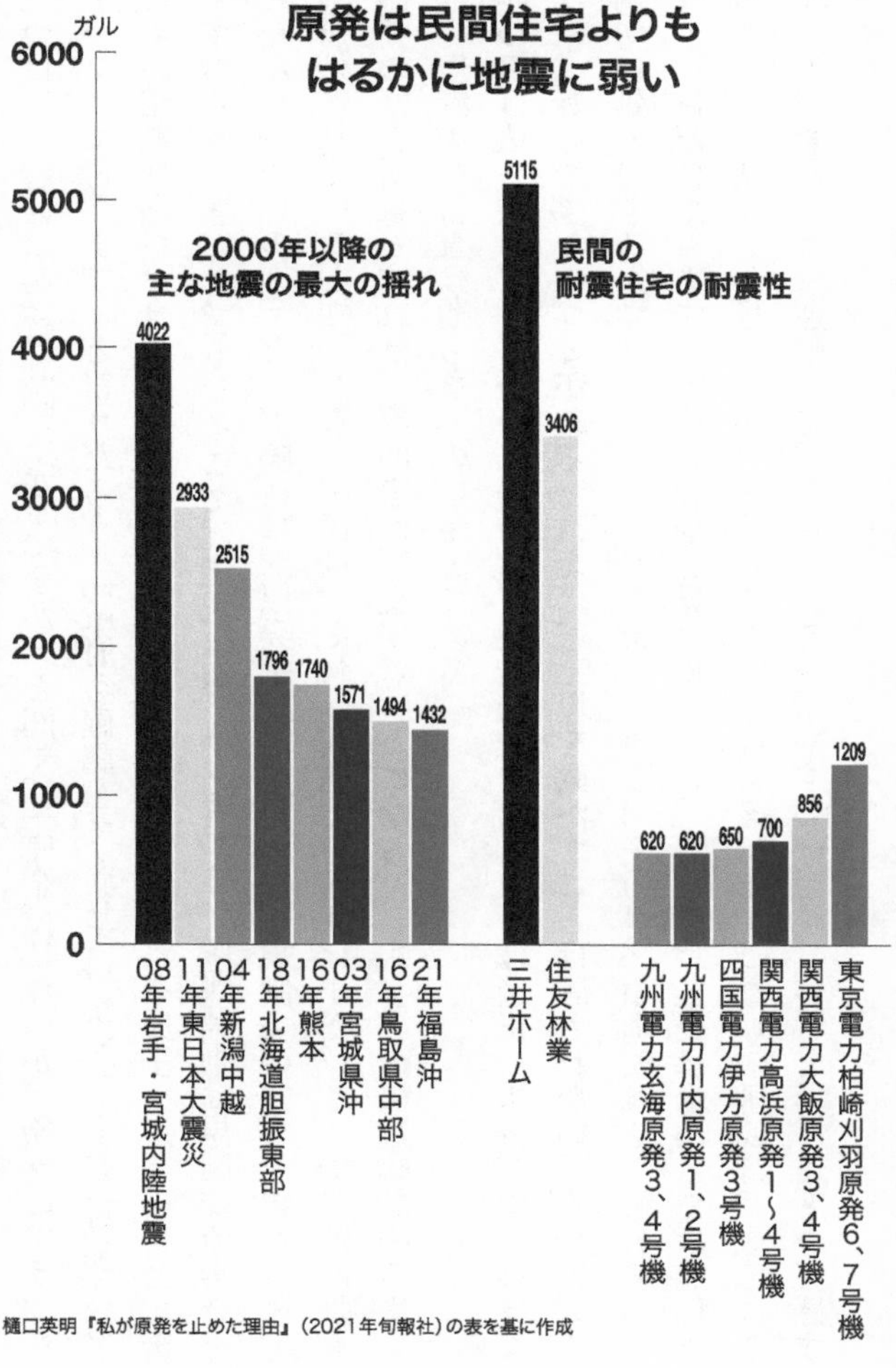

樋口英明『私が原発を止めた理由』（2021年旬報社）の表を基に作成

三つ目に、「原発の避難計画は完全ですか」と聞く。「完全ではないが、徐々にブラッシュアップして行きます」と言うだろう。「政府も確認してくれています」とも付け加える。そこで、避難計画が万全でないまま動かすのは問題だから、これを原子力規制委員会で審査してもらうべきだと言う。そこで、国民は驚く。「えっ？　避難計画は規制委の審査を受けたんじゃないの？」と。実際には、原発を動かすために、規制委の審査対象から避難計画が外されていると知ったら、国民は、それは問題だと言うはずだ。そこで避難計画も規制委の審査対象とすれば、専門家が審査することになる。しかし、今の避難計画のままでは、規制委の審査は通らないのは確実である。

四つ目は核のゴミだ。普通の工場では、製造過程で出たゴミは適正に処分しなければならない。処分できないゴミがあると言えば、工場を動かすことは許されない。原発のゴミも適切に処分できるんですよね、と社長に聞く。社長はそうする計画ですと言うだろう。では1か月だけ待ちますので処分計画を見せて下さい、と言う。社長は1か月では無理だと答える。では、2か月、3か月と続けても、結局答えは出てこない。国民は、核のゴミの処分もできないまま運転して、さらにゴミを増やすのはおかしい、ということを実感するはずだ。

こうした議論を経た上で、耐震性を民間住宅並みに高める、上限のない損害賠償責任保険に入る、避難計画の規制委による審査を通す、そして、最終処分地が合意済みの、「核のゴミ」最終処分計画について、規制委の審査を通す、という４条件で原発稼働を認める法案を提出するのだ。

こうした改革なら、安全でゴミの処理もできる原発は、どうぞ動かしてくださいということだから、従来の政策の延長だということができる。電力会社が国に対して原発を止めることによる損害賠償を求めることは非常に難しくなる。政府は、政策変更による損失ではなく、国民の安全を守るため当然の措置だと言えば済むからだ。訴訟の面から見てもコストがかからない「脱原発政策」になるはずだ。

容量市場に見た、発送電分離を根本から見直す必要性

20年秋に、４年後の発電能力を取引する「容量市場」の初の入札結果が明らかになった。「容量市場」とは、太陽光や風力など、天候次第で発電量が変わる再エネ由来の電力が増えれば電力の安定供給が難しくなるので、安定的に発電できる火力発電所など、将来の発電能力を取引するオークションを行うことにより、電力の長期安定供給を目指すための市

場である。

売り手は大手電力会社などの発電業者、買い手は新電力を含む小売り電気事業者だ。電力市場の自由化で火力などの高コスト電源は価格競争にさらされ、大手電力は設備の維持・更新費用の確保に苦しんでいる。そこで、小売り電気事業者にオークションで、発電容量確保の費用の負担を義務付けることにした。これで大手発電事業者は巨額の容量販売代金を得ることができる。

さて、その入札結果である。1kW1万4137円。これは火力発電所の新設などに必要とされる価格9425円の、1・5倍の高価格だ。その落札額の総計1・6兆円は、最終的に小売り業者の電気料金に上乗せされ、利用者の負担となる。単純計算で1kWh2円、世帯の平均電力使用量が月260kWh前後だから、月520円の値上げとなる。この落札価格はイギリスの5倍、アメリカの2倍強、フランスの10倍強にもなるという。

この取引の売り手は発電業者、買い手は小売り業者であるが、大手電力は発送電の分離が不完全なせいで、基本的に発電と小売りが親子または兄弟会社となっている。だから、いくら落札価格が高くて小売り業者の支払い費用がかさんでも、発電会社と同じポケットのカネだから、会社全体ではダメージはない。他方、新電力は火力などの発電所を持っていないので、「容量市場」に投下した資金はそのまま費用となり、ストレートに電気料金値上げ、経営圧迫へとつながる。上限価格ギリギリの落札価格は、自分たちの優位性をよくわかっている大手電力が、入札でわざと高い金額を示した結果だ。

また、問題は電気料金の高騰だけではない。新電力が「容量市場」への巨額支払いで体力を失うことで公平な競争が阻害され、大手電力の独占が維持されてしまう。新電力の多くが太陽光や風力などに力を入れていることを考えれば、再エネ普及にも悪影響が出る。しかも容量市場を通じて流れる資金は、石炭火力などの温暖化ガス排出が多い発電の支援になるのも大問題だ。

容量市場の創設により、新電力を減らしておけば、温暖化対策のためには原発を使うしかないというシナリオになる。デメリットだらけの「容量市場」は、今や世界では遅れた仕組みだとされ、新たな仕組みがどんどん登場している。蓄電池の性能アップと価格低下、ＡＩを駆使した需要供給両面における調整技術の進歩などを勘案した、全く新たな電力安定供給のための仕組みを作る必要がある。そのために容量市場はいったん廃止して一から議論すべきである。

容量市場が明らかにしたのは、発送電分離がほとんど機能していないということだ。発電と送電、小売りが同じグループ会社として経営されている限り、大手電力はグループ会社全体の利益を守るために、新電力の経営を妨害する。何より重要なのは、発電・送電・電力販売を、完全に資本関係のない独立した会社として分離することだ。

「規制の虜」経産省からエネルギー政策の権限はく奪

それにしても、金融や通信と違い、電力だけは改革がほとんど進まないのは何故か。それは、電力会社を規制しているはずの経産省が「規制の虜《とりこ》」となり、電力会社に隷属する関係になっているからだ。本来は電力会社も国が規制しているわけだから、所管の役所である経産省の方は、圧倒的な力を持つはずだ。ところが、電力会社のように独占的な、しかも規模が巨大で経済力も大きく、政治力も持つようなところを相手にしていると、役所はその力に逆らうことができず、徐々にもたれあいの関係に陥り、気付いてみたら相手の方が優勢になっているという状況になる。特に原発などの専門知識では経産省は電力会社に太刀打ちできず、逆に相手の知見に頼る構造になっている。経産省が大手電力会社をきっちり規制できれば、再エネを増やす政策はどんどん進むはずだが、実際には大手電力のための政策になっている。容量市場はまさにその典型である。

こうした現状を変えてＧＸを進めるためには、規制権限を経産省からはく奪することが必要だ。電力会社の規制と、その発展や振興を同時に同じ役所が行うという、誰が考えてもいびつな関係を温存すること自体が、正義に反する。

この規制権限を公正取引委員会に移譲するか、もしくは完全に独立した第三者による規制委員会（３条委員会）をつくり、そこに権限を移すことが必要だ。

今後のエネルギー政策は温暖化対策と一体で進めた方が良い。そこで、エネルギー振興政策を有する資源エネルギー庁の権限を環境省に移管すれば良い。この他にも経産省から内閣官房などに移した方が良い部署もある。前述したとおり、ＤＸ関連の部署がなくなり、エネルギー関連の部署をはく奪された経産省は、非常に小ぶりになる。そこで農水省と経産省を統合して、「産業省」として再編すれば良い。これにより、デジタル省を新設しても省の数は全体では増えないから、役所の焼け太りにもならない。

もう一つのＤＸ　分権改革

地方分権を英語にすると「Decentralization」だ。そこで、分権改革を「ＤＸ」と呼ぶことができる。もう一つのＤＸである。それは、統治機構だけではなく、経済や文化も含めて、人間の生活の中心を都会から地方に移そうという大きな改革を意味する。

コロナ禍で一ついいことがあった。それは、都市に住むことが実は非常に大きなリスクを伴うことがわかったことだ。これは感染症の場合だけではない。大震災や大津波の時なども、都市での防災や避難は困難を極める。

さらにもう一つ、コロナ禍でリモートワークがかなり普及して、都会にいなくてもできる仕事がかなりあるということもわかった。これまで、「地方には仕事がない」という前提があった。そのため都会に人が集まり、その集積は企業にとって効率が良く、都合が良かったが、労働者や生活者から見ると必ずしもそうではなかった。地価が高いので家を買うのが難しく、買うにしても借りるにしても、会社から遠くて狭い家になる。長時間通勤と長時間労働に加え、保育園不足など、子育て環境も悪い。コンサートやクラブなどで余暇を楽しむには都会も便利だが、NETFLIXやYouTubeを自宅のテレビの大画面で見れば、日本中どこにいてもはるかにゆったりと毎日安上がりに楽しむことができる。

都会から離れてリモートワークをしてみると、朝に鳥の声で目覚め、美しい風景を眺めながらパソコンに向かい、Zoom会議でも背景は生の自然の風景だ。周囲の山や海で子どもと遊び、新鮮な野菜や海の幸を楽しめる。都会では味わえなかった「贅沢《ぜいたく》」が郊外や地方にはあることに、多くの人が気付いた。

先の改革の基準で見れば、「人にやさしく、自然にやさしい」生き方をできる人が増える可能性が広がったということだ。

実は統計的には、東京の経済的発展は頭打ちになっている。特に生産性の上昇という面では、東京は既に飽和状態にある。これ以上頑張ったところで、大した成果は望めない。

一方で地方では、かなり高い生産性の伸び率を示すところも出ていて、日本全体の生産性を高めるには、地方の経済を伸ばす方が手っ取り早いという状況だ。生産性が上がるということは、給料を上げる余地が増えるということと同義だ。つまり、国民の経済的豊かさを高めたいなら、地方を発展させた方がいいということなのだ。

ナンチャッテ地方創生を止めろ

「地方創生」と言えば、響きは美しい。自民党は常にそれを旗印にしてきた。

だがそれは、単に地方で票を取るための道具でしかなかった。政権が変わるごとに、「新しい」名前の施策がとられてきた。たいていは、政府が決めた全国一律の条件に合わせてプロジェクトを実施する自治体に対し、交付金や補助金を出す。そのお金を当てにして、自治体には様々な企業やコンサルタントが入ってきて、うまく企画をでっち上げる。それも、地方によって特産品の内容だけ変えて、あとは同じプランというようなものがほとんど。そんな金太郎飴《あめ》的な計画ではあるが、それでもとりあえず自治体にはお金が入る。すると、そのお金で物産館をつくる、PR動画やYouTube動画を作るなどということになる。こうして似たような動画が、日本中の市町村で流れる……。それも、最初の一瞬だけ少し話題になり、結果は死屍《しし》累々。終わってみれば、何もなかったに等しい。その繰り返しだ。

何故そうなるのかと言えば、自治体が自ら、本当に考えてやりたいと思ったことをやっているのではないからだ。何よりお金がもらえるからというところから発進しているために、安易な展開が繰り返されることになった。そんな中で、少しでも希望が見えたのはインバウンド推進だけだった。

今までの地方創生策では役に立たないことに気付いていた政府は、海外からの旅行客に活路を求めた。それがインバウンドだ。これにより、もうダメだと思われた地方にも、思いがけず海外客が入り潤った。もちろんこれには、ビザの規制緩和といった安倍政権のテコ入れもあった。地方でも地価が上がるという、少し前までは想像できなかった状況に沸きたつ地域も増えた。

ところが、新型コロナウイルス感染症の蔓延によって、インバウンドにも頼れない事態が生じた。コロナ禍はそのうち克服される可能性があるとしても、回復までに少なくとも一年、二年はかかり、その後も恐怖感がそう簡単には消えないだろう。しかも、新型コロナに限らず、新型の感染症は、およそ十年に一度出てくる。いつまた海外からの客足が止まるとも限らない。そういうリスクを常に背負った上での「地方創生」を考えなければならないのだ。

リモートワークやワーケーションなども新たな柱になるだろうが、それよりも前述の「地方の方が発展の可能性がある」という点に着目した、より本格的な政策を考えることが必要だ。

例えば、同じ観光でも、質をより重視することが必要だ。現状では、日本の観光地は薄利多売の形態が多い。しかし、それが日本の文化を壊すことにもつながっている。京都などはオーバーツーリズムの問題が深刻化している。観光客が大量に押し寄せて、騒音やゴミの問題、混雑が激しくて地元住民がバスにも乗れないという事態などが生じている。

こういった問題については、地方主体でどんどん規制を入れるべきだ。改革と言えば規制緩和をよく耳にするが、逆に規制を強化していくことも大切だ。入場規制や景観規制などを強化することで、街の調和を保つ必要がある。人混みで溢れる京都など、良質な観光客に敬遠されてしまう。

日本は伝統産業を守ると言いながら、実際には、地方にある貴重な文化が消滅するのを放置している。フランス人などが見れば、驚きの声を上げる事態だ。これまでの伝統産業保護政策は、玉石混交で、まがい物でも補助金を出し、経産省の利権を拡大するというようなことに使われてきた。今後は審査を厳格化し、高度な技能には高いお金を出して国や自治体が購入するといった手段も念頭に、「本物」だけを残すために文化予算を使うべきだ。逆にまがい物は排除する。いいものを残し、本物を評価する人に来てもらえば、観光客の質も上がり、観光地のプレステージも上がる。その人たちが高級なお金の使い方をするから儲かるというビジネスに切り替えていく。

観光収入を増やすために高級ホテルを誘致するというのは、やめた方が良い。そんなことをしても、周辺のホテルや旅館が儲かるわけではない。例えばヨーロッパでも、スイスは宿泊費が高いが、それは高級ホテルがあるからではない。それだけ魅力があるということだ。魅力があるから高いお金を払って人が来る。高級ホテルだからということではなく、平均的に宿泊費が高くても人が集まり、町全体が潤う。そういうビジネスを目指すべきだ。

目指すは江戸時代超え　エネルギー産業の転換で地方躍動

地方の人口減少は、先進国共通の問題だ。世界中で、都市ばかりが発展し、地方は都市への労働人口供給源となって徐々に衰退していく、という歴史があった。しかし１００年単位で地方経済を見ると、実はこれは単に人口の問題ではなく、エネルギー産業の転換による影響が非常に大きいということに気付く。

江戸時代まで、薪《まき》と炭が、現代の電力、石油、ガスに相当するエネルギーだった。薪と炭は、農村、山村、漁村で生産され、煮炊き、風呂《ふろ》、暖房、鍛冶《かじ》など、生活・産業用のエネルギーすべてが、地方から都会に向けて供給されていた。それが地方の経済の大きな部分を占めていた。今でも日本の産業分類には、「製薪炭業」という分類が残っている。ある農山村地域についての古い資料による試算では、地場産業の売り上げの半分が農林業、残りが製薪炭業という結果になったほどだ。

ところが第１次産業革命で、燃料が薪や炭から石炭に変わった。すると農村の収入は、地域によっては半減。集落が貧しくなるのは当然だ。仕方なく出稼ぎに行く、あるいは、都会に賃金労働者として移住せざるを得なくなり、地方の人口は減少する……。地方には疲弊して当たり前の構造問題があったのだ。

それが現代になって、ようやく昔に戻る可能性が出てきた。

自然エネルギーの拡大だ。自然エネルギー発電の立地は、都会よりも地方の方がはるかに有利だ。使える土地が広くて安く、風の通りもいい。そうして自前で発電すると、今まで外から買っていた電力や灯油などの代金が流出せず、自分たちが消費する以上に発電すれば、今度は外に輸出して収入が得られる。かつての農村が辿《たど》った道をさかのぼるわけだ。これが地方再生の一つの切り札になる。

だが、ここにやはり様々な制約、問題も生じている。例えば、山の斜面に太陽光パネルを並べることで景観が非常に悪くなり、環境破壊が起きる。太陽光事業に失敗してパネルを廃棄しようとすると、驚くほどコストがかかる……。

そこでカギになるのは、支援を行う際の条件設定ではないかと思う。自然エネルギーを拡大するために様々な支援策を講じることは必要だが、その際に条件をつける。例えば地元資本の比率で支援額を変え、最低でも50%以上ないと発電を認めないことにする。

これには二つの意味がある。一つは、直接的な利益の確保。東京の大企業が巨大な風車を建てれば、建設の時は労働者として地元人材を雇ってくれても、完成後の売電利益はすべてその会社（の本部）のものとなり、地域には還元されない。資本の50％をその地域の住民や企業・自治体が持っていれば、利益の50％は地域に還元されるのだ。

もう一つは景観規制だ。例えば風車で発電さえできればいいと考えると、表面が薄汚れて錆《さび》だらけになって、ギーギーと騒音がしていても、とにかく回していれば電力ができるからいい、という事業者が出てくることもあり得る。だが地元資本となれば、そんな状態で稼働させていれば地元からの苦情が届きやすくなるだろう。住民資本にすることで、地元目線のエネルギー産業ができるのである。

なお、エネルギー政策の根本問題として、大手電力が保有する火力や原子力などの大規模発電所が全国津々浦々まで電力を供給するという、現在の中央集権的な電力システムから、全国に分散して発展する地域の自然エネルギー発電を地産地消するという分散型システムへの変換、「改革」が必要となってくる。これはＧＸでもあり、そのためのシステムを構築するためにはＤＸ（デジタル）の推進が不可欠で、さらに「分権改革というもう一つのＤＸ」も必要になる。そういう観点で見ると、実はこの分散型エネルギーシステムの推進は、今後日本が進めるべき改革の中でも最も中心的課題になるということだ。

エネルギーの観点では、電気自動車（ＥＶ）と自動運転も、地方再生にとって非常に重要だ。過疎地域では、高齢者の移動手段を確保することが困難になっている。またガソリンスタンドの閉鎖で、給油が困難になる地域も増えている。そんな時ＥＶなら家で充電できるから、ガソリンスタンド不要だ。ここが水素自動車との決定的違いである。さらに、地域で自動運転のＥＶをシェアすることで、車の運転ができない高齢者の移動手段を確保することができる。自動運転は、地方から進む可能性も高いのだ。

ＥＸ教育改革で取り戻す文科省の怠慢のツケ

前章やＤＸのところで繰り返し指摘したが、日本の教育の仕組みには非常に大きな問題がある。これまで述べた問題点を理解すれば、改革の方向はかなり明確になっている。これまでに確認した点を再掲しておこう。

まず、公立小中学校の問題だ。日本の公立小学校の1学級当たりの人数上限を、やっと40人から35人に減らすことになった。21年度から5年かけて実現する。しかし、35人でも実は多すぎる。これからは、一人ひとりの個性や学習の進捗《しんちょく》度合に合わせたきめ細かい指導をすることが求められる。最大30人をまずは目指すべきだろう。

中学校についても同様の改善が求められる。

次にIT教育の問題は、小学校で一人一台の端末配布がようやく終わる段階だが、学校でのWi-Fi環境の整備、リモート授業や予習復習のための、家庭でのWi-Fi環境整備の支援も至急実施すべきだ。まだまだ不十分かつ進捗も遅い。

またDXのところで紹介した、公立高校における「プログラミングすら履修しない情報科」の問題は、長年の文科省の不作為の結果だ。良質なIT教員人材の確保が緊急課題だが、普通にやっても充足することはできないだろう。下手をするとアリバイ作りのような授業しかできないところが続出するのではないかと心配だ。専任教員だけではおそらく足りない。民間人を兼任で採用することや、複数校で同時にリモート授業を行うことなども含めて、前例にとらわれずあらゆる手を打つ必要がある。その際、様々な規制が障害となる可能性があるが、それらをどんどん取り除くことが必要だ。また、ITに習熟した教員確保の問題は、高校の情報科だけでなく、小中学校でも同様に大きな課題だ。

今取り沙汰《ざた》されている、IT人材が大幅に不足するといった話は、常に話題に上っていた話だ。それがわかっていながら、文科省（政府）はIT教育の充実をさぼってきた。そのような状況下であらゆることがデジタル化されていくと、何が起きるかといえば、デジタルデバイド、すなわちＩＴの恩恵を受けられる人と受けられない人との格差が広がっていくということだ。

これまでの文科省の怠慢のツケを、一気に返さなくてはならない日本。大変なハンディキャップを背負わされたものだ。

雇用のデジタルデバイドをなくすリカレント教育

デジタルデバイドというと、高齢者の話だと思うかもしれないが、そうではない。今後ＤＸの進展、とりわけあらゆる分野でＡＩの活用が進むと、新たな人材へのニーズも増える一方で、従来型の多くの仕事がなくなる。その時、ＩＴに習熟した人材はおそらく比較的容易に就職・転職先が見つかり、そうでない人はそれまでよりも待遇の悪い仕事しか見つからないということが起きる。職種が全く変わることで自分の尊厳が傷つけられると感じ、失業を選ぶ人も増えるかもしれない。深刻なデジタルデバイドと言うべき事態だ。

ＩＴ化を進められるデジタル人材が圧倒的に不足する状況は、学校でＩＴ教育を強化しながら少しずつ人材を増やしていくというやり方では、数十年は解消できないかもしれない。ＩＴ人材の需要と供給に、社会全体で壮大なるミスマッチが生じている。今働いている人、中高年から若年層まで、本格的な学び直しが必要になる。しかもＩＴ化、デジタル化社会で生き抜くため、その発展を担う人材を育成しなければ、日本経済の生産性は上がらず、一部の有能な人以外は賃金が引き上げられない事態にも陥るだろう。

そこで、これまでの常識では考えられないくらいの規模で、リカレント教育を受ける権利をすべての労働者に与えるべきだ。単に１週間研修を受けるという程度ではなく、働きながらなら最低１年くらい、フルタイムなら最低半年、希望者には大学での学び直しも認める。その間の授業料は無料で、生活費が必要な場合には一定程度補助する。

その教育を受けた結果、賃金水準が上がった人がいれば、その人が学んだ教育機関にはボーナスを支払うなど、様々な条件設定に工夫を凝らすことが必須《ひっす》だ。

学校教育と職業訓練――省庁の垣根をなくす

学校教育の教員の確保策で重要なのは、お金をけちらないということだ。学校がブラックな職場だと認識されている大きな理由として、残業や休日出勤が多いということがある。その原因になっているのが、純粋な教育以外の雑用的な仕事の多さと、クラブ活動の負担だ。それを解消するにはまず、教員免許不要で教員の事務作業をサポートする人材を、大量に雇うことである。学校に教育部門とアドミニストレーション部門をつくり、それぞれが集中して運営する仕組みをつくるべきだ。マンツーマンとまでは行かなくても、教員二人に一人くらいの割合で、事務員を雇うべきだろう。また、クラブ活動には各分野のプロを雇うことで、教員をそこから解放する。

その上で、教員のリカレント教育も必要だろう。もちろん予算が必要だが、それをつけなければ、日本の学校教育の質がどんどん下がることは必至だ。教員志望者が減りつつあるということは、数の問題ではなく質の問題になるという危機感を持つことが重要だ。

ちなみに、現状でも厚労省が所管している失業者向けの職業訓練はある。しかし、そこで教えられていることは古すぎて使い物にならないし、デジタル教育を行うにしても、必要とされるレベルのスキルを身につけるには数か月の訓練では足りない。現状はハローワークが独占している職業紹介も、訓練と紹介をセットにして民間に開放し、自由競争できるようにする必要がある。つまり、職業訓練と職業紹介の新しい仕組みをつくっていかなければならないわけだ。

これら学校教育と職業訓練は、これまで文科省と厚労省、それぞれの管轄で行われてきた。しかし、この分野にまたがるデジタル教育を本気で考えるとき、この縦割りの垣根を破壊して進めなければならない。

教育においては、前章で指摘した留学制度も抜本的に改めなければならない。日本の大学と米中の大学のレベルはかなり開いてきてしまった。ビジネスの現場では、国際的に活躍できる人材のニーズはどんどん高まっている。特に外国人と対等に交渉したり、あるいは協業できたりする実力を持った、本格的な国際人材が必要だ。現在のように、日本に帰国することを前提にした企業などの紐つき留学ではなく、現地で就職や起業をして日本に凱旋《がいせん》するような人材を育成すべきだろう。その際、一定程度の実績を海外で上げた人材が帰国する際には、何らかのインセンティブを与えたりすることも考えられる。また海外の企業、とりわけベンチャー企業でインターンを受ける際の助成なども行えば、最先端のビジネススキルを身につけた人材育成に役立つだろう。

１００兆円の教育予算追加投入は未来への投資

これらの「ＥＸ」は、これからの教育改革のほんの一部である。しかし、ここに挙げた改革案だけでもかなりの予算が必要になるだろう。「言うことはわかるが、財源はどうするんだ」という話になり、これまでは、そこで頓挫《とんざ》していた。

義務教育（実は幼児教育の義務教育化も必要だ）から社会人教育まで、新たな仕組みをつくるのだから、莫大な費用がかかる。例えば10年を1スパンとして考えても、これまでの予算に加えて、毎年10兆円くらいの予算、10年で１００兆円は必要になるだろう。

しかしそれを実施しなければ、いつまで経っても低賃金労働者が数多く残り、失業者も出る一方で、一部の富裕層や優秀な海外人材だけが高給を得て羽振りの良い生活をエンジョイするという、究極の格差社会になる可能性がある。

4年前の拙著『国家の共謀』（角川新書）のまえがきで、２０３０年の日本の姿を予測した。都心の一等地の高級タワーマンションの居住者の多くが外国人となり、高級寿司《すし》店には外資系ＩＴ企業に勤める若者が、短パンサンダル履きで出入りする一方、ビジネス街の道路わきに停車した弁当屋の小型バンの前に、貧しい日本人サラリーマンが列をなすという光景だ。その世界が確実に近づいてくるだろう。

逆に、今すぐ令和の教育大改革ＥＸに取り組めば、日本人の能力が時代の流れに合ったものとなって生産性が格段に向上し、国際的な競争力もつけられる。そうなれば多くの労働者の賃金が上がる。税収の増加も見込め、20年後には十分ペイできるのではないか。教育に予算を大幅に投入することは、今他の何よりも大事なことだと私は思う。

そもそも教育というものは一種のインフラ投資であり、かつ、確実に効果がある。車がめったに通らない道路を作るよりも、はるかに投資のリターンは大きいはずだ。だからそのための借金は、建設国債と同等に考えればいい。道路や橋は何十年にわたって使うものだから、建設費が1兆円かかっても、50年使えば1年当たり200億と換算する。教育への投資も、そういう観点から考えれば十分に見合うはずだ。

リターンを返してくれる期間が長いほどいいという点では、小さな子どもにたくさん投資する方がいい。また30代や40代の人だとしても、これからは70歳まで、さらには、生涯働き続ける時代がやってくる。再教育を受けた後、10年、20年とよりよい仕事をしてもらえるとなれば、かなりのリターンが戻ってくると考えることができる。

ちなみに、その年で使い切って後かたもなく消えてしまう経費を借金で賄う場合に発行する国債は、赤字国債と呼ばれる。毎年当たり前のように出されているが、実はこの赤字国債の発行は特例で認めているだけで、本来は毎年出してはいけないことになっている。使い切りの予算を国債（借金）で賄うということは、将来の国民にツケを回すことだから、原則禁止というのが基本的な考え方だ。

一方で建設国債は何十年も使うものを建設するから、将来の国民が負担してもいい。現状では、建設国債の教育関連費用は、校舎や体育館を建てるのには認められているが、毎年の教員の人件費や研修費などに充てるのは認められず、建設国債の対象外となっている。この縛りをなくし、教育は国としての投資、リターンが返ってくるものだという前提で、人件費や研修費などに注ぎ込んでいく方が、理にかなっている。

たとえ国防にいくらお金をかけたとしても、経済が脆弱《ぜいじゃく》な国は、戦争になればひとたまりもない。遂行していくだけの戦費がすぐ底を突いてしまうからだ。そのためと考えれば、自民党の右翼議員も納得するのではないか。経済力を底上げするには、何よりも教育の強化が必要なのだ。

不公正を正すための改革

ここまで、今後の改革の四本柱について簡単にポイントを例示しながら解説してみた。実はこの他に、不公正を正すための改革も重要な柱であり、それを入れれば五本柱になる。残念ながら、それらについて触れるには問題が大きすぎるので、これは別の機会に譲ることにしたい。既に述べた様々な改革の中には、マイナンバーカードの利用法など、不公正を正すための改革という側面を持つものも多い。

その他、富裕層の脱税防止、金融所得の総合課税化、消費者保護の強化、子どもの虐待防止対策、競争政策の強化も必要だ。また国家公務員改革、その際の不正に対する刑事罰の導入や課長以上の完全公募制、内部告発と第三者委員会の日弁連への委託、情報公開法と公文書管理法の抜本改革、政治資金規正改革、特に企業団体献金の禁止などなど、やるべき改革を考えればきりがない。

これらの改革を官僚や政治家に任せておいたのでは、おそらくほとんど動かないか、極めて不十分な形でしか進まない。官僚も政治家も、何が起きても、自分たちが困るのは最後の最後だと思っている。政治家には選挙はあるものの、経済が破綻《はたん》したから国会がなくなるということはない。官僚はさらに選挙すらない。国家が滅亡しない限り失業はない、と安心している。

しかも彼らは、庶民の生活を知らない。コロナ禍で、食べるものも食べられない人がたくさんいると聞いても、それは少しはいるんだろうなと思う程度だ。生理用品が買えないと聞いても、そうか、それは大変だな、で終わりなのだ。政治家は、選挙が近い時期は問題を放置したら選挙で負けると思うので、何でもありのバラマキを行うが、選挙が終われば、がらりと変わる。21年11月までに行われる衆議院選挙と22年の参院選が終わると、それから約3年は選挙なしの可能性があるため、そこから先しばらくは、バラマキなどの甘い話は全くなくなるかもしれない。

不公正を正す改革は、国民にわかりにくいものも多い。そういう意味では、最も進めるのが難しい。これをどう進めるのかについて、今すぐ真剣に考えることが必要だ。

「闇のとんかつ」を喜んでいる国民に危機意識は芽生えない?

日本人はどうも、大きな改革をすることが苦手だ。細かいところを直していく、精緻《せいち》に細かく整えていくことは得意だが、大きなガラガラポン、変革は、自分たちだけでやったことが一度もない。本当にドラスティックな改革が行われたのは、明治維新と太平洋戦争の敗戦からの復興時だけだ。福島第一原発の事故後、日本が大きく変わるという話もあったが、結局何も変わらなかった。エネルギー政策さえ変わっていない。

とにかく常に微修正を続け、それが間に合わなくなると、戦争になったり、バブルが崩壊したりという破局を迎える。

大きな改革。その苦手なことを、誰がやるのか。いつになったらできるのか——。結局は日本の経済が破綻したところで、やっと始まるのだろうか。まだ本当の意味での危機意識は足りないのではないだろうか。この状況を、正しく認識できている人はどれだけいるのだろうかと思う。

先日、山田洋次《やまだようじ》監督の「小さいおうち」という映画を見た。太平洋戦争前の日中戦争あたりから、終戦を経ての来し方を、現代に生きるおばあちゃんが回想するという話だ。その時なるほどと思ったのは、危機意識の欠如と、ものわかりのよすぎる国民性のおそろしさだ。

真珠湾《しんじゅわん》攻撃で成功した時には、国民は戦争の恐怖などほとんど感じなかった。はるか遠くの出来事であり、国民は皆万々歳だったのだ。ところがあちらこちらで負け戦が続き、「転進」を謳《うた》いながら後退していく。それを聞いて、どうも戦局が怪しくなってきたとは皆感じているのだが、それもまだ、遠い海の向こうのこと。それよりも、どこそこへ行くと闇でとんかつが食えるなんて話を聞けば、じゃあとんかつを食いに行こう、と言って喜んでしまう。まさか日本が負けるなんて、思ってもいない。

敗戦の色が濃くなって、もう本当に負けそうだとなっても、なんだか嫌な世の中になってきたという程度。東京大空襲が起こり、ついには自分のところに爆弾が落ちてくるまで、本当の意味での危機感を持ち得ないという展開だった。それを見た私は、本当に暗澹《あんたん》たる気持ちになった。

それと同じことを、我々は今、繰り返しているのではないか。このままじゃ危ないという話をどこかで見聞きしてはいても、今度10万円くれるらしいぞとなれば、「何食べに行く?」、「Ｇｏ Ｔｏで、ちょっと高い温泉に行けるぞ」。そんなことを言っているうちに、日本の経済は破綻している。ゴミの収集車も来てくれないから、家の中も外もゴミの山……なんてことになって初めて、これは大変だということになるのではないか。

多くの人は、何かが変だ、薄気味悪いと思いながらも、自分が直接的に被害を受けるまでわからない。実は貧しい人、弱い人は、一番先に被害を受けているのだが、そういう身の上になっていない人たちにはよくわからない。特に最近は人々の間の絆《きずな》が弱まっているから、そうした危機的状況にあるという情報が入らないか、入っても遠いことのように感じてしまう。アベノマスクを嘲笑《あざわら》いながら、それに何百億円も投じられていると聞いて「もったいない」と言いながら、その財源が自分の懐から取られているということに憤らないのだ。

だからデモも起こさない。他の国では、コロナ禍でロックダウン、店の営業時間短縮というだけでも抗議活動をする。自分たちの生活が壊されることに対して、市民は全力で抵抗し、政府の責任を追及する。それが当然のことだと思っているからだ。日本では不況や災害、今回のコロナ禍で生活が大変だとなっても、そこから政府の責任を問う動きにはつながらない。「コロナだからしょうがないよね」と、ものわかりよくおさめてしまう。だから、政府はこれっぽっちもプレッシャーを感じることがない。

21年春にはリバウンド必至という状況の中で、ＧｏＴｏキャンペーンの再開について本気で考えていた菅総理は、二階幹事長や公明党や観光業界、運賃収入が激減したＪＲのことなどで、頭がいっぱいだった。その後も、ワクチン接種が進み、東京五輪さえ開催できれば、国民の支持が取り戻せると思い込んで、第四波の爆発もものともせず、各地で起きている医療崩壊も目に入らないかのように五輪開催に向けてまい進している。

一方で、時短や休業の要請を受けて苦境に陥っている飲食店を含めた多くの企業に対しての補償については、拡充を検討すると言いながら、抜本的対策は一向に出てこない。仕事を失ったり収入が激減し、住む家がなく、食べるものも買えないという人々にも手を差しのべようとしない。

唯一の希望は、選挙が近いので、人気取りのためにバラマキをやるに違いないという悲しい期待だけである。

国民の声が弱いから、菅総理は自分の好き放題。菅総理から直接の具体的指示がないから、官邸官僚も思考停止を続け、「不倫」カップルは自分たちの利権拡大に勤《いそ》しむということが起きている。各省庁の官僚たちも、菅総理の指示を受けたものは必死で頑張るが、それ以外はいつもの調子で、危機感が欠けた対応を続けている。

私たちは誰のことも当てにできない。政治家も官僚も、危機感が欠如しているからだ。だが一番大事なことは、私たち国民自身が、危機意識を持つということだ。警鐘を鳴らす人は結構多い。だが、多くの国民にはそれが届いていないように感じる。本当に爆弾が落ちるか、あるいは経済的にどん底に落ちるかしかないのだろうか。

気が付いている人ほど「もうダメだ」「もう遅すぎる」と感じる。そのギャップが大きい。だが、諦めるわけには行かない。危機が顕在化すれば、真っ先に大きな被害を受けるのは弱い立場にいる人たちだ。もう既にあちこちでそういう例が出ているが、本当に破綻するということになれば、戦争と同じくらい大きな被害が出る。そんな光景は絶対に目にしたくない。

本書とともに、できるだけ多くの人々と関わりを持ち、危機感を共有して声を上げる。そういう努力を続けたいと思う。

あとがき

本書を書き始めた2020年10月から、校正が終了した21年5月中旬までの間、菅義偉政権の支持率は、概《おお》ね下降傾向を続けた。今や、当初の菅人気は見る影もなく、「菅降ろし」の声が日に日に強まっている。

ただし、菅降ろしが現実になるのは、今すぐというよりは、夏の東京オリンピック・パラリンピックの成否、新型コロナ感染拡大第4波の動向、そしてワクチン接種の進捗などの要素が絡み合い、夏の終わりから9月にかけてになりそうだ。

その場合、「ポスト菅」候補は誰になるのだろうか。

そう思いながら新聞を見ていたら、4月26日の日経新聞に気になる世論調査の記事が出ていた。同調査では、次の首相としてふさわしい政治家のランキングで、1位　河野太郎24％、2位　石破茂　16％、3位　小泉進次郎　14％、4位　安倍晋三　8％、5位　岸田文雄　5%、6位　菅義偉　4%の順だった。菅氏の人気が非常に低いのがよくわかる。これでは、選挙は戦えないということで、菅降ろしの声が上がっても当然だ。

一方、上位の顔ぶれを見て、「ポスト菅は誰なのか？」と考えてみると、普通に思い浮かぶのは、2位の石破氏ということになりそうだが、そうはならない。他社の調査でも石破氏2位というものが多いが、石破氏は、野党支持層や無党派層の支持が多いことで知られている。実は、日経の記事では、その点について具体的に言及していた。それによれば、自民支持者に限定してランキングをつけると、河野、小泉、安倍、石破、菅、岸田という順になるという。「やはり」という感じだ。

2位の小泉氏は、9月総裁選に出るつもりはないだろう。

1位で本命と言っても良い河野氏もワクチン担当相だから、今は身動きできない。また、所属派閥・麻生派のトップ麻生太郎副総理は、いまだに河野氏を派閥の総裁候補とは認めていない。そこには、盟友安倍晋三元総理との関係があるとみられる。

最近の安倍氏は、総理辞任の理由について「仮病説」が出るほど元気な姿を見せている。安倍氏復活待望論も自民党議員や、自民支持層の中で盛り上がりを見せ、安倍氏が総裁選に再々出馬するという見方も急速に広がる状況だ。

仮に安倍氏が総裁選に出れば、麻生氏は安倍氏支持に回る可能性が高い。そうなれば、河野氏出馬のハードルはぐっと上がってしまう。つまり、客観情勢を見て行くと、安倍氏が立候補したら、総裁選最有力候補となる可能性が非常に高いということだ。

恐ろしい話だが、自民党総裁は、国民ではなく、自民党が決めるという厳然たる事実を踏まえれば、その結果として、安倍氏が総理になる可能性も高いということを認めざるを得ない。

2度あることは3度ある。安倍総理が復活し、「I am back!」と意気揚々と国会で演説する日が来るのだろうか。

そして、その時には、今井尚哉総理秘書官も復活する。

さらには、菅氏が官房長官復帰ということまで想像が膨らむ。笑って済ませられる話ではなくなってきた。安倍・菅・今井トリオの大復活だ。

その筋書きを崩すのは誰か？

それは、菅氏自身ではないか？　という、ある意味全く矛盾した予測を私はしている。

オリンピックが開けず、支持率回復の見込みが立たない場合、早めに自らに見切りをつけて、河野氏に出馬を促すというシナリオだ。もちろん、二階俊博氏とタッグを組んで、安倍・麻生コンビに対抗する。河野フィーバーが起きれば、党員投票で圧倒的大差で過半数を取り、河野総裁・総理誕生。菅氏はキングメーカーとして政治生命を維持するという目論見だ。その時、河野氏は、安倍・麻生につくか、二階・菅につくかという究極の選択を迫られるかもしれない。

安倍氏と河野氏、どちらが勝っても、自民党人気がかなり上がると見る人は多いのではないか。そうなれば、与野党間の政権交代は夢のまた夢ということになる。

もちろん、政界は、「一瞬先は闇」の世界。思いもよらない明るい展開が待っているかもしれない。あまりにも根拠がなさ過ぎると怒られるかもしれないが、それくらい楽観的にならないと、生きているのが難しくなっているような気がする。

どんな逆境でも夢を失わず、本文最後に書いたとおり、できるだけ多くの人と危機感を共有して声を上げ続ける。

よく考えれば、それこそが民主主義の王道なのではないだろうか。

古賀茂明（こが・しげあき）
1955年、長崎県生まれ。東京大学法学部を卒業後、通商産業省（現・経済産業省）入省。大臣官房会計課法令審査委員、OECDプリンシパル・アドミニストレーター、産業再生機構執行役員、経済産業政策課長、中小企業庁経営支援部長等を歴任。2008年、国家公務員制度改革推進本部事務局審議官に就任し、急進的改革案を提起。09年末に経済産業省大臣官房付とされるも、10年秋に公務員改革の後退を批判、11年4月には日本初の東京電力破綻処理策を提案。同年9月に退職後は、テレビ朝日「報道ステーション」コメンテーターや政党のアドバイザー等を務めたのち、各誌コラム・著書・メルマガ等で提言を続けている。主著に『日本中枢の崩壊』（講談社文庫）、『官僚の責任』（PHP新書）、『国家の暴走』（角川新書）、『日本を壊した霞が関の弱い人たち　新・官僚の責任』（集英社）など。

官邸《かんてい》の暴走《ぼうそう》

古賀茂明《こがしげあき》

2021年 6月 10日　初版発行
2024年 6月 10日　6版発行

◆◇◇

発行者　山下直久
発　行　株式会社KADOKAWA
〒102-8177　東京都千代田区富士見2-13-3
電話　0570-002-301（ナビダイヤル）

装丁者　緒方修一（ラーフイン・ワークショップ）
ロゴデザイン　good design company
オビデザイン　Zapp!　白金正之
印刷所　株式会社KADOKAWA
製本所　株式会社KADOKAWA

角川新書

ISBN978-4-04-082403-1 C0231